KB195996

Dear

----------------------------------------

From

Date        .        .
----------------------------------------

쟁쟁했던 사이가 풀리는 관계 회복 시그널

# 사실은 미안해라고 말하고 싶었어

우치다 히로시 지음

김수정 옮김

서사원

# 당신에게도 말하지 못한
# '미안해'가 있나요?

"내일부터 쟤랑 놀지 마."

그래서 다음 날, 그 애가 건네는 인사를 무시했다.

나도 같이 따돌림당할까 봐 무서웠다.

마음속으로 몇 번이고 '미안해', '미안해' 하고 사과했다.

그 애는 점점 학교에 안 나오더니 결국 전학을 가 버렸다.

그 애라면 분명 다른 학교에서 잘 지낼 거야.

거듭 그렇게 속으로 위안했다.

기도하는 마음으로 되뇌었다.

어른이 되어서도 마음속으로만 하는 말.

그날, 모른 척해서 정말 미안해.

사실은 미안하다고 말하고 싶었어

고등학교 2학년이던 어느 날,

아침부터 엄마와 말다툼을 했다.

"지긋지긋해!"

나는 엄마가 도시락으로 싸 준 주먹밥을 바닥에 내던졌다.

랩이 풀리며 속이 다 튀어나와 버린 주먹밥.

'아뿔싸' 하는 마음과 민망함에 도망치듯 집을 나왔다.

나도 부모가 된 지금,

그날 엉망이 된 주먹밥을 직접 치웠을

엄마를 생각하면 가슴이 미어진다.

엄마, 정말 죄송해요.

엄마가 싸 주던 주먹밥이 그리워요.

오늘 아침, 출근 준비를 하다가

정말 사소한 일로 애인과 언쟁을 벌였다.

도저히 사과할 수 없었다. 아니, 사과하고 싶지 않았다.

그런 나에게 애인은 이런 말을 남기고 집을 나가 버렸다.

"이럴 때마다 매번 나만 미안하다고 하는 거 알아? 다녀올게."

애인이 말한 대로였다.

싸울 때마다 먼저 사과하는 사람은 언제나 애인이었다.

나는 잘못한 게 없어. 사과하면 지는 거야.

일단 사과하면 대충 넘어갈 거라고 생각하는 거잖아.

속으로 이렇게 고집부리며 모든 걸 애인 탓으로 돌렸었다.

미안해.

사실은 항상 고맙다고, 미안하다고 말하고 싶었어.

이런 나를 사랑해 줘서 고마워.

어떻게 하면 솔직하게 사과할 수 있을까?

----- ( 프롤로그 ) -----

# 사과가 어렵기만 한
# 당신에게

이런 일을 겪은 적이 있나요? 누군가와 다투고 난 후, 내가 잘못했다는 생각도 들지 않고 이해도 되지 않아 먼저 사과하고 싶지는 않은데 상대방도 사과하지 않는 상황 말이죠. 결국 관계는 어긋나 버리고 마음 한구석에 답답함을 품은 채 하루하루를 보내고 있지는 않은가요? 이 책은 이 질문에 고개를 끄덕이고 마는 당신을 위한 선물입니다.

언제부턴가 '인간관계'라는 키워드가 우리 고민의 대부분을 차지하게 되었습니다. 직장을 그만두는 이유, 등교를 거부하는 원인, 이혼하는 까닭으로 가장 많이 꼽는 것이 바로 인간관계입니다. 그래서 사람들은 인간관계가 보다 순조롭길 바랍니다. 이렇듯 모두가 바라는 순조로운 인간관계는 왜 이루기 어려운 걸까요? 왜 자꾸 타인과 어긋나고, 다투고, 서로 기분을 상하게 하는 걸까요?

인간관계로 고민하는 당신을 위한 마법의 열쇠가 여기 있습니다. 인간관계를 원만하게 하고 후회가 남지 않도록 도와주며, 나아가 자기긍정감까지 높여 주는 마법의 열쇠. 바로 "미안해"라는 한마디입니다.

"뭐라고요? 사과하면 오히려 내 입장만 불리해지는데 인간관계가 좋아질 리 없잖아요."

아니요, 그 반대입니다. 사람들이 아직 잘 모를 뿐입니다. 자존감을 빠르게 회복하고 인간관계를 가장 충만

하게 하는 것이 '사과'라는 사실을요.

이렇게 만나게 되어 반갑습니다. 메이크업 강사이자 상담가인 우치다 히로시입니다. 스물여섯 살에 메이크업 강의를 시작해 어느새 20년 가까이 되었네요. 저는 메이크업을 배우려는 학생들과 동종업계의 강사들을 대상으로 상담을 해 왔습니다. 인생이 잘 풀리지 않는다고 상담하러 오는 사람들의 이야기를 들어 보면, 대부분 이렇게 이야기합니다.

"아무리 생각해도 잘못한 건 그 사람인데, 사과하질 않아요."

"먼저 미안하다고 하면 지는 기분이에요."

이처럼 사과할 줄 모르는 사람이 많다는 사실에 매번 깜짝 놀라곤 합니다. 특히 부모, 형제자매, 배우자, 자녀와 같은 가족이나 상사, 부하, 동료와 같은 직장 사람들 사이에서 이런 문제가 두드러지더군요. 가까운 사이일수록 솔직하게 사과하지 못하는 이유는 무엇일까요? 많은 사람이 '미안하다'라는 말의 의미를 잘못 알고 있기 때문입니다.

종종 인터넷에서 '인생에서 가장 후회하는 일' 같은 주제의 설문을 살펴보면 '소중한 사람에게 미안하다고 말하지 못한 일'이 항상 상위를 차지합니다. 결혼식에서도 신랑, 신부가 편지를 낭독할 때면 빠지지 않고 등장하는 것이 부모님을 향한 사과입니다. 이를 보면 많은 사람이 사과가 중요하다는 것을 알면서도 평소에 솔직하게 사과하지 못하고, 특히 소중한 사람에게는 더 사과하기 어려워한다는 점을 알 수 있습니다. '사과하기.' 이 몹시도 간단한 말과 행동이 왜 어렵고 피하고 싶은 일이 되었을까요?

솔직하게 사과하지 못할 때마다 우리 마음 한구석에는 답답함이 쌓이고 인간관계에 스트레스를 느끼게 됩니다. 그러다 자신감이 결여되어 한숨과 함께 우울의 늪에 빠져들고 말죠. 저는 그저 당신이 이런 악순환에서 벗어나기를 바랄 뿐입니다.

이 책은 세 가지 목적을 두고 썼습니다.

첫째, 우리는 왜 서로 '나는 잘못한 게 없다'고 생각하는지 이해할 수 있도록 돕는 것입니다.

둘째, 인생을 아름답게 바꿀 사과 방법, 소통 방법을 소개하는 것입니다.

셋째, '미안해'라는 말이 당신의 인생을 긍정적인 방향으로 이끌어 주는 바람직한 의미로 바뀔 수 있도록 돕는 것입니다.

당신을 둘러싼 모든 인간관계를 깜짝 놀랄 정도로 원만하게 만들 '미안해'라는 한마디. 이 마법의 주문을 스트레스 없이 효과적으로 바로 실천할 수 있도록 다양한 사연과 함께 소개하고자 합니다. 이 책을 다 읽고 나면 이전과는 비교할 수 없을 만큼 만족스러운 인간관계를 가지게 되어 스트레스도 줄어들고 후회 없는 인생을 살아갈 수 있게 될 것입니다. '사과'에 대한 이미지가 확연히 달라지면서 사과를 잘하는 방법도 터득하게 될 것입니다. 그리고 사과하는 것 자체에 대한 스트레스가 훨씬 줄어들 것이라 약속합니다.

이 책은 사과하지 못해 후회한 적이 있는 당신을 위해 썼습니다. '사과'의 마음이나 말이 자신감을 앗아 가는 것이 아니라 앞으로의 인생에 있어 큰 힘이 되길, 그래서 당신이 후회 없는 인생을 살아가는 데 도움이 되길 바랍니다.

대단한 각오나 준비는 필요하지 않습니다. 어깨에 힘을 빼고 편안한 기분으로 읽어 주세요.

이제 준비됐나요? 그럼 지금부터 당신 마음속 '미안해'라는 말의 의미가 확 바뀔 멋진 시간을 함께하시죠!

## 차 례

## 3장 사과의 기술

## 4장 인생을 바꾸는 마법의 주문, '미안해'

# 우리가 사과하지 못하는 이유

# 전하지 못한 '미안함'을
# 가슴에 품은 사람들

## 우리는 모두 위화감을 느끼며 살아간다

책의 서두에 나온 사연의 사람들처럼 우리는 모두 작은 후회 위에 또 작은 후회를 쌓아 가며 어른이 된 것은 아닐까요?

우리는 '행복해지길' 바라며, 그 행복을 좇아 매일을 살아갑니다. 그 과정에서 행복을 느끼는 순간도 있지만, 그렇지 못한 현실에 맞닥뜨리는 순간도 있습니다. 이따

금 말로 나를 상처 입히는 사람도 있고, 나와 가치관이 맞지 않는 사람도 있기 때문입니다. 매일 행복한 마음과 속상한 마음이 교차합니다. 이런 나날 속에서 '대체 어떻게 해야 하지?'라고 계속 마음속으로 질문을 던지며 하루하루를 보냅니다.

이것은 분명 당신만의 일이 아닙니다. 어쩌면 당신이 떠올린 그 사람도 마찬가지이겠지요. 누구나 크든 작든 이런 생각을 가슴에 품고 있을 것입니다. 세상 사람들 모두 이처럼 답답한 의문을 안고 살고 있는 것은 아닐까요?

## 미처 깨닫지 못해서 잃고 만 가장 소중한 것

먼저 '사실은 미안하다고 말하고 싶었던' 한 여성의 사연을 소개합니다.

저는 모두가 인정하는 할머니 껌딱지였습니다. 일

주일에 한 번은 할머니를 만나러 가서 그동안 있었던 일들을 늘어놓곤 했죠. 저는 부모님과의 관계가 좋지 않아 열아홉 살 때 집에서 나와 살게 되었습니다. 이때도 할머니는 '나는 언제나 네 편이란다'라며 저의 독립을 도와주셨습니다.

독립하고 몇 개월이 지났을 무렵, 할머니께서 갑자기 제 자취방에 찾아오셨습니다. 새벽 아르바이트를 마치고 막 귀가한 아침 열 시쯤이었습니다. 당시 여러 아르바이트를 하고 있던 탓에 체력과 정신력이 한계에 다다라 있던 저는 응답하지 않고 현관 벨 소리를 무시했습니다. 그러나 침대에 누워 그대로 잠들고 싶던 저의 바람과는 다르게 벨은 계속 울렸고, 결국에는 할머니께서 제 이름을 부르기 시작하셨습니다.

'아, 귀찮아 죽겠네.'

이웃에게 민폐라고 생각한 저는 문을 닫아건 채 할머니께 오늘은 이만 돌아가시라고 말했습니다. 하지만 할머니는 물러서지 않으셨습니다.

"됐다고요! 민폐니까 그냥 가요! 진짜 짜증 나!"

마음에 여유가 없던 저는 마음에도 없는 소리를 내 뱉어 버렸습니다.

나중에 알게 된 사실인데, 그날 할머니는 저의 첫 자취 생활이 걱정되어 밥을 차려 주기 위해 오셨던 것이었습니다.

할머니께서 찾아오신 이유도 짐작하지 못한 데다 그때 저는 할머니의 사랑을 받아들일 마음의 여유 가 없었습니다.

며칠이 지나자 '내가 할머니께 잘못했어'라는 생각 이 들기 시작했습니다. 하지만 저는 계속 고집을 피우며 할머니께 사과하지 않았습니다. 마음속 어 딘가에 '그래도 내 잘못이 아니야'라는 생각이 있었 던 까닭입니다.

그러던 어느 날, 아버지로부터 할머니께서 건강이 나빠져 병원에 입원하셨다는 연락이 왔습니다. 같 이 병문안을 가자는 아버지의 말에 저는 '그때 일로 뭐라고 하시는 거 아냐?'라고 생각하며 반쯤 끌려

가다시피 할머니를 만나러 갔습니다.

제가 예상했던 것과 다르게 할머니는 그때 일에 대해서는 한마디도 하지 않으셨습니다. 그저 상냥한 얼굴로 언제나처럼 즐겁다는 듯이 저의 이야기를 들어 주셨습니다. 그런 할머니의 다정함에 기대 저는 그때 자취방에서의 일을 사과하지 않고 병원을 뒤로 했습니다.

그리고 그날이 제가 할머니와 대화를 나눈 마지막 날이 되었습니다.

늘 다정했던 할머니.

제가 정말 정말 사랑했던 할머니.

그런데도 제 고집 때문에, 끝까지 할머니와 거리를 둔 채 마지막을 맞이했던 것을 진심으로 후회하고 있습니다.

죄송해요, 할머니.

제 이름을 불러 주시던 할머니의 목소리를 정말 좋아했어요.

그녀가 일찍이 깨달았다면 바로 가질 수 있었던, 가장 바라던 것.

그것은 할머니와 함께하는 따뜻하고 포근한 시간이었습니다.

# 정말
# 사과하면 지는 것일까?

최근 누군가가 사건을 일으키거나 실언을 하면 "그 사람이 잘못했네", "그렇게 말하면 안 되지"라고 무자비하게 비판하는 모습을 쉽게 볼 수 있습니다. 명확한 근거는 없지만, 제 생각에 이런 분위기가 점점 확산되면서 사람들이 일상에서조차 무언가에 대해서 좋고 나쁘다, 혹은 맞고 틀렸다고 무의식적으로 쉽게 판단을 내리게 되는 것 같습니다. 게다가 인터넷의 발달로 누구나 자유롭게 댓글을 달 수 있게 되면서 이런 비판을 더욱 공공연하게 말할 수 있게 되었습니다.


　"네가 나빠."

　"쟤가 잘못했네."

　"이럴 때는 이렇게 해야지."


　회사에서는 일이 잘 안 풀리면 "이거 제안한 사람, ○○ 씨죠? 그럼 ○○ 씨가 해결해야죠"라고 책임을 강요합니다.

　엄마들 사이에서는 "○○ 씨 옷 너무 화려하지 않아?", "□□이가 우리 애 장난감을 망가뜨렸는데 사과를 안 해"라는 비난이 난무합니다.

　약속에 늦은 사람이 사과하지 않으면 '왜 사과를 안 하지?', '미안하긴 한 건가?'라며 기분이 상해, 결국 함께 보내는 시간 내내 불쾌함을 떨칠 수 없습니다.

　상대방에게 사과를 요구하거나 잘못을 인정하도록 강요하는 일이 늘어나면서 한층 더 '사과하면 지는 것'이라는 생각이 강해지고 있습니다. 그리고 이런 생각은 '타인에게는 사과를 요구하지만, 자신은 사과하기 싫다'라는 모순을 만들어 내며 더욱 사과하지 못하게 하는 악순환을 낳습니다.

## '미안하다'라고 말하면 지는 걸까?

서로 사과하지 않으려는 이런 사회 분위기 속에서 '사과'의 개념을 새로이 정립해 당신의 든든한 아군으로 삼는 방법을 알려 드리겠습니다. 지금보다도 원만한 인간관계를 다지는 방법은 바로 '미안해'라는 말을 더 자주 하는 것, 단지 그뿐입니다. 사실, 솔직하게 사과하지 못하는 사람의 대부분이 '미안해'라는 말을 '내가 잘못했다고 인정하는 것'이라고 여깁니다. 그래서 '사과하면 지는 기분이야', '무조건 상대방 잘못이니 사과하고 싶지 않아'라는 생각이 드는 것이죠. 또 항상 사과만 하는 사람은 자신감을 잃거나 자기혐오에 빠져 사과하는 것을 부정적으로 봅니다. 그래서 사과할 때마다 '또 내가 사과해 버렸

네', '내가 그렇지, 뭐'라는 생각에 빠져 더욱 자신을 믿지
못하게 됩니다.

## 성공한 사람은 '미안하다'는 말을 이렇게 생각한다

성공한 사람은 '사과'를 '상대방의 기분을 상하게 한 것에
대해 용서를 구하는 행위'로 생각합니다. 그래서 좋고 나
쁨, 맞고 틀림은 나중 일로 여기고, 이기고 지는 문제라
고는 생각하지 않는 것입니다. 물론 실제로 자신이 잘못
했다고 생각할 때도 솔직하게 '미안하다'고 잘못을 인정
하며 사과하지만, 그 전에 일단 상대방의 기분을 상하게
했다면 그에 대해 먼저 사과합니다. 다시 말해, 성공한
사람은 '사과하면 지는 것'이라고 생각하지 않습니다. 그
래서 자기가 잘못한 것이 아니라고 생각하면서도 미안하
다는 말을 윤활제처럼 사용할 수 있는 것입니다.

　우리는 모두 자기만의 가치관이 있습니다. 때문에
다른 사람과 부딪치고, 의견이 엇갈리고, 다투는 일 자

체는 자연스러운 일입니다. 중요한 것은 이런 문제를 얼마나 빨리 털어 내고 서로 속 시원해지느냐입니다. 우선은 '미안해'라는 말을 '상대방을 화나게 하거나 슬프게 한 것에 대해 용서를 구하는 행위'로 활용하는 것부터 시작해 봅시다. 그것만으로도 '사과하면 지는 것'이라는 생각에서 벗어날 수 있게 되고, 놀랄 정도로 달라지는 인간관계를 경험하게 될 것입니다.

# 사과를 잘할수록
# 자기긍정감이 높아진다

## 사과할 줄 안다는 것은 대단한 일이다

부모와 자녀, 친구처럼 친밀한 관계에서 잘잘못을 따지기 어려울 때나 상대방이 한 걸음도 물러서지 않을 때면 아무래도 사이가 불편해지기 마련입니다. 이럴 때, 제대로 사과해서 불편한 상황을 바로 끝내고 속 시원해하는 사람이 있는가 하면, 항상 사과만 하다 보니 미안하다고 하면 할수록 '내 잘못이야', '난 글렀어'라는 생각에 빠지고 마는 사람도 있습니다. 당신은 어떤가요? 만약 후자에 해당한다면 한번 생각해 봅시다. 당신은 왜 사과를 하나요?

물론 자신이 틀렸다고, 잘못했다고 느꼈기 때문일 때도 있죠. 그러나 사과하는 이유가 단지 그것만은 아닐 것입니다. 그렇습니다. 벌어진 상황을 수습하고 싶었기 때문은 아닐까요? 상대방을 이 이상 화나게 하고 싶지도, 더 슬프게 하고 싶지도 않으니까요. 이런 마음이 얼마나 상대방을 배려하는 것인지 당신이 알았으면 좋겠습니다.

다른 사람에게 먼저 사과할 줄 안다는 것은 당신에게 그만큼 상대방의 입장과 기분을 생각하는 능력이 있다는 것입니다.

## 사과할 줄 아는 자신을 조금 더 인정해 주자

저는 '사과'를 '자신을 부정하는 것이 아니라 상대방을 화나게 하거나 슬프게 한 일에 대해 용서를 구하는 행위'라고 정의하고 싶습니다. 이런 관점에서 생각하다 보면 '내 잘못이야', '나는 글렀어' 같은 생각은 점점 희미해질 것입니다. 더 이상 사과하는 자신을 부정할 필요가 없습니다. 그동안 건넸던 사과를 떠올려 보세요. 당신은 그만큼 상대방을 배려할 줄 아는 사람입니다. 그런 자신을 충분히 인정해 주세요.

## 사과하면 선순환이 생겨난다

'사과의 선순환'을 이해한다면 앞으로 당신은 어떠한 문제 상황에 놓이더라도 망설임 없이 먼저 상대에게 사과할 수 있을 것입니다. 게다가 먼저 사과하면 할수록 그런 자신에 대한 자기긍정감이 차오를 것입니다. 당신과 만나는 사람들은 어떨까요? 당연히 먼저 사과받은 덕분에 기분이 좋겠죠. 또 순수하게 사과할 줄 아는 당신을 닮고 싶어할 것입니다. 뜻밖의 선순환이 당신의 '미안해'라는 한마디로부터 시작됩니다.

아마 지금 이 순간에는 '그런 일이 생긴다고?'라는 의구심이 들지도 모릅니다. 그러나 이 책을 계속 읽어간다면 그 의미가 이해될 것입니다. 우선은 '사과하면 자기긍정감이 높아진다', 이 말을 기억해 주세요.

# 우리가 사과에 부정적인
# 진짜 이유

### 태어나서 처음 미안하다고 사과했던 일은 무엇인가요?

우리는 왜 사과하기를 꺼리는 것일까요? 사실 그 배경에는 우리 인생에 엄청난 영향을 끼친 사건, 즉 어린 시절에 겪은 '사과'의 경험이 있습니다.

태어나 처음으로 '미안해'라고 말했던 때를 기억하나요? 어떤 일로 사과했는지 생각나나요? 아마 대부분 기억하지 못할 것입니다. 이것은 우리가 철이 들기 훨씬 전부터 사과해 왔다는 것을 의미합니다. 그렇다면 기억이 나는 범위 내에서 떠올려 봅시다. 당시 상황은 이렇지 않았을까요?

"자, 이제 사과해야지?"
"○○에게 제대로 사과하고 오렴."
"이럴 때 뭐라고 해야 한다고 했지? 미안하다고 해야지!"

이처럼 우리의 생애 첫 사과는 '스스로' 사과한 경험이 아니라 부모님이나 어른들로부터 '강요받은' 경험이었을 가능성이 큽니다. 이처럼 '사과를 강요받은' 경험이 바로 사과에 대한 나쁜 인상 혹은 거부감을 만들어 낸 원인입니다.

## 좋은 기억으로 남은 사과 경험이 있나요?

누군가로부터 사과를 강요당한 괴로운 경험은 사과를 불편하게 인식하는 데에 영향을 미칩니다. 그래서 살면서 한 번이라도 진심을 담아 솔직하게 사과했던 경험이 있는 사람과 그런 경험이 없는 사람은 사과에 대한 이미지나 사과가 미치는 정신적인 영향에서 꽤 차이를 보입니다. 이와 관련해서 어느 여중생의 어렸을 적 경험을 들려드리고자 합니다.

제가 아직 어린아이였던 시절, 할머니께서 옷을 지으실 때 사용하시는 중요한 자를 망가뜨린 적이 있었어요. 그때 저는 바로 용기를 내어 "망가뜨려서 죄송해요"라고 말했었죠. 할머니는 화내시지 않고 "솔직하게 사과하다니 대단해"라고 칭찬해 주셨어요. 그 후 함께 자를 사러 갔고, 할머니는 "새로운 자를 사게 되어 참 좋구나"라고 웃는 얼굴로 말씀하셨습니다. 저는 할머니의 자상함에 새삼 다시 감동했습니다. 그리고 사과하길 정말 잘했다고 생각했어요.

어렸을 때 할머니에게 솔직하게 사과하고 칭찬받은 이 경험은 그녀가 스스럼없이 사과하는 사람으로 성장하는 계기가 되었을 것입니다. 사과하는 것에 거부감이 있는 사람은 사과를 못하는 것이 아니라 사과해서 좋았던 경험이 적은 것일 뿐입니다.

# '나는 잘못한 것이 없다'라는
# 생각이 든다면, 이렇게 자문해 보자

## 만약 내가 이 사람이었다면?

인간관계나 의사소통에서 문제를 겪을 때나 의견이 충돌할 때, 대부분 '나는 잘못한 게 없는데'라고 생각하곤 합니다. 그래서 이럴 때 사과하라는 말을 들으면, '사과받아야 할 사람은 나인데 왜 내가 사과해야 하는 거지?'라는 반발심이 들죠. 하지만 여기서 나는 잘못한 게 없다고 주장해 봤자 상황은 나빠질 뿐입니다. 그리고 이 불편한 감정은 언젠가 서로의 후회로 이어지게 됩니다.

　이런 상황을 방지하기 위해 '사과하지 않고도 성과를 거두는 방법'을 소개하고자 합니다. 일단 나와 상대의 입장을 바꿔 보는 것입니다. 그것도 마음속으로 조용히 말입니다.


## 누구에게나 각자의 사정이 있다

'만약 내가 이 사람이었다면?'

'나라면 어땠을까?'

'이 사람이 기분이 상한 이유가 뭐지?'


　내 의견을 계속 고집해도, 아무것도 양보하지 못해도 괜찮습니다. 물론 솔직해지지 못해도 괜찮고요. 일단 생각만으로 충분하니, 내 입장만 생각하는 것을 멈춰 보세요. 앞서 등장했던, 같은 반 친구를 무시했던 여학생이나 주먹밥을 던진 고등학생처럼 약간의 후회와 미안함을 스스로 느껴 보길 바랍니다. 명백히 상대방이 잘못한 상황일지라도, '적어도 상대방의 기분을 상하게 하긴 했지'라고 생각해 봅시다. '그 사람에게도 기분 나쁜 일이었을 거야.' 이 정도여도 좋습니다.

처음에는 쉽지 않을 것입니다. 진심이 아닌 사과를 대충 던지고 끝내자는 마음이 들지도 모릅니다. 그러나 이런 상태에서 생각을 입 밖으로 내면 상황은 오히려 더 복잡해질 뿐입니다. 그러니 우선은 어디까지나 마음속으로만 생각해도 좋습니다.

사람의 마음만큼 어려운 것은 없습니다. 무슨 수를 써도 타인의 입장을 완전히 이해하기란 불가능합니다. 내가 모르는 상대의 사정이 반드시 있을 테니까요. 그러니 누가 잘못했는가는 사실상 정확히 판가름할 수 없는 문제죠. 그렇기 때문에 '만약 내가 그 사람이었다면?'이라고 생각하는 습관을 들이는 것만으로 미래는 전혀 달라질 수 있는 것입니다.

# 왜 다른 사람과
# 어긋나는 걸까?

## 사이를 어그러뜨리는 원인

"진짜 짜증 나네."

"꼭 그렇게까지 말해야 하나?"

"내가 뭘 했다고 그래."

살다 보면 이처럼 누군가에게 부정적인 감정을 느낄 때가 있습니다. 내 이야기를 들어 주지 않는 가족, 의견이 맞지 않는 직장 동료, 내 마음도 모르고 눈치 없이 구는 친구, 왜인지 불친절한 점원, 어깨를 치고 지나가는 사람 등 일상에서 종종 불편한 사람을 마주치곤 합니다. 그럴 때 기분이 나빠지는 데에는 이유가 있습니다. '가치관의 차이' 때문입니다. 상대방은 신경 쓸 일도 아니라고 생각하는데, 나는 유독 싫어서 견딜 수가 없을 때가 있습니다. 아마 상대방이 나에게 '손해'를 끼쳤기 때문일 것입니다. 이럴 때 우리는 불쾌함을 느끼게 되는 것이죠.

## 사람은 모두 자기만의 가치관이 있다

사람은 누구나 가치관을 가지고 있고, 또 그 가치관은 사람마다 다릅니다. 그래서 다툼이 생기고, 누군가를 미워하게 되며, 사이가 어긋나고 맙니다. 다름의 문제일 뿐이지 당신을 괴롭히기 위해 태어난 사람, 당신을 일부러 상처 입히기 위해 살아가는 사람은 한 명도 없다는 이야기입니다. 누구든 다른 사람과 사이좋게 지내고 싶어 하고, 사람을 좋아하고자 합니다. 타인과 원만한 관계를 쌓는 일은 생각보다 어렵지 않습니다. 우리는 모두 각자의 가치관이 있다는 대전제를 제대로 이해하고 사람들과 마주해 봅시다.

# 과거의 후회를
# 미래의 친절로 바꿔 보자

## 사과하지 못한 채 떠나 보낸 친구

어느 날, 친구 A가 저에게 한 친구와 겪은 경험을 털어놓았습니다.

A에게는 너라면 분명 잘 해낼 것이라고, 걱정하지 말라고 한결같이 응원해 주는 친구 B가 있었습니다. 그런데 B가 A도 함께 아는 지인과 다투고 말았고, A는 중간에서 이러지도 저러지도 못하는 난감한 상황에 놓였

습니다. 그로부터 몇 개월이 지나 A는 용기 내어 B에게 연락했지만 B는 이미 늦었다면서 SNS 팔로우도 끊어 버렸습니다.

당시 A는 B의 격려에 힘입어 자격증을 준비하고 있었습니다. 합격하면 덕분에 자격증을 땄다고 다시 연락해 볼 생각이었죠. 하지만 막상 합격하고 나니 또다시 거절당할 것이 무서워 연락할 수 없었습니다. 용기가 없어 연락하지 못한 채로 반년이 지났을 무렵, A는 B가 투병 생활 끝에 세상을 떠났다는 소식을 듣게 되었습니다.

고인의 장례를 치르는 동안 A는 엉엉 울며 줄곧 연락하지 못해서 미안하다고, 더 이상 만날 수 없는 B에게 사과했습니다.

"살아 있을 때 사과하고 싶었어."

A는 눈물을 흘리며 저에게 말했습니다. 그리고 이렇게 말을 이었습니다. "'용기가 날 때 사과하면 돼', '언젠가 용서해 줄거야'라고 미루지 말았어야 했어. 너무 후회돼."

## 과거의 후회를 미래의 친절로

후회란 대체로 돌이킬 수 없는 상황에서 하게 됩니다. 누구에게나 사과하지 못했던 경험이 있죠. 본인은 절대 잘못한 것이 없다는 생각이 들어도, 상대방의 기분이 상했다면 이렇게 생각해 보기 바랍니다.

과거는 되돌릴 수 없다. 하지만 새로운 미래를 만들 수는 있다.

그 순간에 느낀 후회와 미안함을 미래를 위한 친절로 바꿔 봅시다.

이렇게만 한다면 앞으로 만나게 될 사람들과의 관계는 당연히 좋아지고, 당신의 인생도 더욱 나은 방향으로 나아가게 될 것입니다.

# 미안하다고 말하지 못해서
# 잃는 것들

## 사과하지 않았을 때 생기는 손해

"솔직하게 사과하지 않으면 손해를 보는 건가요? 미안하다는 말을 잘 못하는 편인데, 그렇다고 딱히 손해 본 기억은 없어요."

이렇게 생각하고 있지는 않나요? 하지만 사실 엄청난 손해를 보고 있을지도 모릅니다. 사과하지 않는다고 해서 눈에 띄게 커다란 손실이나 충격이 있지는 않습니다. 다만, 아무도 모르게 조금씩 우리의 인생이 갉아 먹히는 것이죠. 그래서 눈치채기가 어렵습니다.

사과하지 않으면 어떤 손해가 있는지 함께 살펴볼까요? 지금까지의 인생을 되돌아보며 읽어 보세요.

## 사과하지 않을 때 생기는 다섯 가지 손해

### ❶ 주변 사람들이 떠나간다

자신에게 잘못이 있든 없든 간에 미안하다고 말하지 않는 사람에게는 다가가기 어렵습니다. 게다가 사람을 별로 안 좋아하는 것 같다는 인상도 주게 되죠. 이런 사람으로 보이면 점점 사람이 떠나게 됩니다.

### ❷ 기회가 주어지지 않는다

우리는 보통 기회를 매력이나 능력이 있는 사람에게 찾아오는 것이라고 여깁니다. 물론 맞는 말이지만, 그만큼 혹은 그 이상으로 중요한 것이 당신이 '기회를 주고 싶은 사람인가 아닌가'입니다. 사과할 줄 모르는 사람은 매력이 반감됩니다. 그러면 기회도 점점 줄어듭니다.

### ❸ 인상이 나빠진다

미안하다고 말할 줄 모르는 사람은 고집스럽게 버티고 있는 것이기 때문에 짜증이 심해지고 표정이 험악해집니다. 미간에 주름이 생기고, 얼굴은 늘 굳어 있고, 입꼬리는 축 처진 얼굴이 되고 말지요. 그 얼굴이 곧 그 사람의 인상이 되고요. 사람의 첫인상은 얼굴에서 결정된다는 것을 잊지 말아야 합니다.

### ❹ 자기 생각을 말하지 못하게 된다

사과하지 않는 사람은 높은 확률로 자기 자신에게도 솔직하지 못합니다. 그러다 보면 점차 자기 생각을 말하는 것이 어려워집니다. 이것이 점점 습관이 되면 자신이 무엇을 말하고 싶었는지조차 모르게 됩니다.

### ❺ 마음의 평안을 찾을 수 없다

마음의 평안은 미안하다고 말할 수 있느냐 없느냐에 따라 완전히 달라집니다. 사과하지 못했던 일은 자기도 모르는 사이에 결국 마음의 짐이 됩니다. 후회라는 짐이 마음속 공간을 잔뜩 차지한 채로 마음의 평안을 얻기란 정말 어렵습니다. 안정감은 여유에서 나오기 때문입니다.

이런 손해를 입지 않기 위해 앞으로 다룰 내용은 절대 어렵지 않습니다. 이 책의 내용을 실천만 한다면 당신도 매력적인 사람이 될 수 있고, 자연스레 주변에 사람이 모이게 될 것입니다. 당연히 일상의 스트레스는 줄고 인간관계는 점점 좋아지겠죠.

# 미안하다고 말해서
# 얻는 것들

## 사과하면 이것을 손에 넣을 수 있다

누구나 타인과 잘 소통하고 싶어 합니다. 나아가 조금 더
나은 인간관계를 맺길 바라고요.

그렇지만 현실에서 원하는 대로 소통하는 사람은
적어 보입니다. 왜냐하면 사과에 대한 오해가 만연해 있
기 때문입니다. 사과가 인간관계를 극적으로 개선한다
는 이야기가 미안하다는 말을 제대로 구사할 줄 아는 사

람에게만 와닿는 것은 이 때문입니다. 비즈니스에서 성공을 거둔 사람, 많은 이에게 사랑받는 사람에게 평소에 미안하다는 표현을 자주 하느냐고 물으면 틀림없이 그렇다고 대답할 것입니다.

타인에게 솔직하게 사과하면 얻을 수 있는 것이 정말 많습니다. 특히 대인관계와 정서적인 면에서 다음과 같은 이득을 얻을 수 있습니다.

### ❶ 사랑받는다

어쩐지 미워할 수 없는 사람이나 마음이 가는 사람들을 보면 주저하지 않고 사과한다는 공통점이 있습니다. 그리고 사과하는 방법이나 미안하다는 말의 구사가 치사하게 느껴질 정도로 절묘합니다.

약속 시간에 늦었을 때를 예로 들어 볼까요? "미안! 오래 기다렸지? 미안해" 혹은 "미안! 그래도 만나서 다행이야!"라며 그 장소의 분위기를 확 바꿔 버립니다. 업무 중 실수했을 때도, "앗! 그런 거였어요? 몰랐어요! 제가 실수했네요! 죄송합니다!", "죄송합니다. 저희 확인이 부족하여 큰 불편을 끼쳤습니다. 진심으로 사과드립니다. 정말 죄송합니다"라고 사과합니다. 진심이 그대로 전해지는, 기분 좋은 사과를 하며 역시나 상황을 좋은 방향으로 전환합니다.

### ❷ 타인의 마음을 열 수 있다

"자네에게만 힘든 일을 시킨 것 같아 미안하네. 그렇지만 정말 도움이 많이 되었어. 고맙네."

직장 상사나 선배로부터 이런 사과를 받는다면 신기하게 다음에도 열심히 하고 싶은 기분이 들 것입니다. 이것이 사람의 마음입니다. 이런 말을 들으면 사과하는 사람의 마음이 나에게 열려 있다는 것이 느껴집니다. 그리고 무언가를 숨긴다거나 방어적이라는 느낌이 없기 때문에 자연스럽게 마음을 열게 됩니다.

무슨 일이 있으면 "미안해. 그리고 항상 고마워"라고 솔직하게 말해 보세요. 어느샌가 당신에게 점점 마음을 열어 가는 주변 사람들이 보일 것입니다.

**❸ 타인의 신뢰를 얻을 수 있다**

다른 사람에게 주의를 들었을 때 무심코 변명하거나 자신을 방어하기 위해 되려 상대방의 잘못을 지적할 때가 있습니다. 혹은 말은 하지 않았더라도 납득이 안 된다는 생각이 태도에서 드러나기도 합니다.

"선배가 어떤 마음으로 저를 이끌어 주셨는지 지금까지 깨닫지 못했어요. 죄송합니다. 하지만 선배의 마음을 알고 나니, 엄하게 혼내시는 것도 애정으로 느껴져서 늘 감사하고 있어요."

부하나 후배에게 이런 말을 듣는다면 어떨 것 같나요? 정말 기쁜 감정이 솟아나는 동시에 그 상대에게 큰 신뢰감이 생길 것입니다. 상사나 선배 같은 관계 말고도 누군가에게 지도받거나 조언을 듣게 된다면 '뭐라는 거야?'라고 하기보다 '왜 나에게 그런 말을 해 주는 걸까?'라고 생각해 봅시다. 그렇게 상대의 마음을 헤아린 뒤 사과해 보기 바랍니다.

신뢰는 일방통행인 관계에서는 쌓이지 않습니다. 상대방이 '왜' 그런 말 또는 행동을 했는지 이해하고 그에 대해 사과한다면 관계는 단숨에 깊어질 것입니다. 그리고 사람들은 이렇게 관계를 맺는 사람을 신뢰하게 됩니다.

### ❹ 마음이 편안해진다

미안하다고 말하면 다른 무엇보다 마음이 편안해집니다. 서로 시시비비를 가리기에 앞서 상대방의 기분을 헤아리고, 사과하는 것에 의식을 집중해 봅시다. 물론 사과한 뒤 상대방에게 용서받거나 상대방의 불쾌한 기분이 해소되면 제일 좋을 것입니다. 그러나 설령 이런 목표를 달성하지 못했더라도, 먼저 사과했다는 점에서 당신 스스로 자기 자신을 인정해 줄 만합니다. 답답하고 괴로운 시간은 단 1분 1초라도 빨리 자신의 마음속에서 떨쳐 버립시다. 다른 사람도 아닌, 가장 소중한 나 자신을 위해서 말이죠.

**❺ 화가 나지 않는다**

한번 상상해 볼까요? 당신은 지금 패스트푸드 가게
에서 햄버거와 주스가 든 쟁반을 들고 서 있습니다. 그
런데 웃고 떠드느라 정신없던 젊은 손님 한 명과 등을 부
딪치는 바람에 앞에 있던 손님의 옷에 주스를 엎고 말았
습니다. 이런 상황에서 나와 부딪친 뒷사람이 아니라 일
단 피해를 본 앞 손님에게 사과하는 일에 진심을 다할 수
있나요? 만약 피해 입은 손님에게 집중할 수 있다면 뒤
에서 민 사람은 그다음 문제입니다. 그러나 대부분은 저
도 모르게 '아니, 내가 그런 게 아닌데……'라거나 '대체
누가 민 거야?'라는 생각이 들어 울컥할 것입니다. 아마
도 주스로 옷을 버린 손님에게 진심으로 사과하기는 어
렵겠죠.

'사과'란 바로 눈앞에서 일어난 사실을 받아들이고,
상황이 나아지도록 곤란을 겪은 사람에게 대응하는 것
입니다. 어떤 상황에서든 미안하다고 선선히 말할 수 있
다면 화를 낼 일도 자연스레 줄어들 것입니다.

### ❻ 남이 도움을 준다

"괜찮아! 이 정도는 어떻게든 혼자서도 할 수 있어."

"그렇게 어렵지 않아서 괜찮아요!"

이렇게 자기도 모르게 강한 척한 적 있지 않나요? 사실은 힘들고 불안한데 괜찮은 척, 아무렇지 않은 척 말이죠. 미안하다고 말하면 더 이상 괜찮은 척하지 않아도 됩니다. 그리고 필요할 때 도움도 청할 수 있죠.

"미안해요. 그럼, 이번만 좀 부탁드려도 될까요? 덕분에 살았어요!"

"죄송합니다. 사실 좀 힘들었어요⋯⋯. 정말 죄송하지만, 조금만 도와주실 수 있을까요?"

사과하면 혼자 다 짊어지지 않아도 됩니다. 어려움을 겪고 있다면 강한 척하지 말고 솔직하게 도움을 구해도 괜찮습니다. 생각보다 사람들이 친절하다는 것을 실감할 수 있을 것입니다. 주변 사람들은 당신을 위해서 능력 발휘할 기회를 기다리고 있을지도 모릅니다.

이것들은 '미안해'라는 말이 당신에게 가져다줄 가치의 극히 일부분일 뿐입니다. 사과는 아주 간단히 인간관계를 원만하게 만들며, 후회하지 않게 하고, 답답함 없이 마음 편한 나날을 보낼 수 있게 하는 가장 좋은 방법입니다.

# 모든 사람에게
# 사과할 필요는 없다

### 사과는 '지금 당신에게 소중한 사람'에게만

어쩌면 이 책을 여기까지 읽었더라도 '그래도 역시 사과는 어려워'라고 생각하고 있을지도 모르겠네요. '상대방의 기분을 상하게 한 일에 용서를 구하는 행위'라고 여러 번 곱씹어도 쉽사리 생각이 바뀌지 않는 사람도 있을 테죠. 또, 왜 나만 사과해야 하냐며 못마땅해하는 사람도 있을 겁니다.

여기서 한 가지 기억해야 할 것이 있습니다. 모든 사람에게 사과할 필요는 없다는 것입니다. 후회 없는 인생을 살기 위해 사과해야 할 대상은 지금 당신에게 가장 소중한 사람들뿐입니다.

## 임종 직전에야 전한 사과와 예상 밖의 대답

지금 소중한 사람에게 사과하는 것의 중요성을 깨닫게 해 준 제 친구의 이야기입니다.

친구는 의사를 꿈꾸며 의대를 다니고 있었는데, 졸업도 하기 전에 결혼해 아이를 낳았습니다. 육아와 학업을 모두 챙기는 것은 상상 이상으로 가혹한 일이었죠.

엄청난 부담을 이겨 내고 마침내 졸업을 앞둔 해, 친구는 지주막하출혈(뇌졸중의 일종으로, 뇌 표면의 동맥이 손상되면서 발생하는 질환)로 쓰러지고 말았고 그렇게 몇 개월이나 의식 없이 누워 있어야 했습니다. 친구의 의식이 돌아오자, 친구의 아버지는 "몸이 이렇게 안 좋은데 의사처럼 격무에 시달리는 일을 시킬 수는 없다"라며 자퇴를 강요했습니다.

꿈을 포기한 친구는 아버지에게 여러모로 폐를 끼쳤다는 생각에 주부로서 새로운 가족과의 생활을 조용히 보냈습니다.

그로부터 몇 년이 지난 어느 날, 이번에는 아버지가 병을 얻어 입원하게 되었습니다. 친구는 일주일에 두세 번씩, 집에서 병원까지 무려 600킬로미터나 되는 길을 차로 왕복하며 아버지를 챙겼습니다. 입원 초에는 아버지와 실없는 이야기만 나눴습니다. 그러다 점점 아버지의 의식이 흐려지는 일이 늘어나자, 친구는 그동안 말하지 못했던 이야기를 꺼내 보기로 결심했습니다.

"아버지, 제가 못나서 고생만 시키고 효도 한번 제대로 못 해서 정말 죄송해요."

그러자 아버지는 딸의 손을 잡으며 작지만 또렷한 목소리로 대답했습니다.

"사랑하는 자식을 위해서 하는 일이 고생일 리가……. 나보다 먼저 죽지 않은 것만으로도 충분히 효도

한 거지. 멀리서 와 줘서 늘 고마워."

아버지는 눈물을 흘리며 이렇게 말했다고 합니다.

'이제껏 고생만 시켰다고 생각했는데 여전히 내가 살아 있음에 이렇게나 기뻐하시다니.'

그 사과 한마디를 계기로 친구는 비로소 아버지의 마음을 알 수 있었습니다. 친구와 아버지의 대화는 그것이 마지막이었습니다.

"아버지가 돌아가시고 엄청난 상실감을 느꼈지만, 내가 사과했을 때 아버지가 해 주신 이야기와 아버지에게 받은 사랑을 기억하며 지금도 열심히 살아가고 있어."

친구는 지금까지도 그 병의 후유증으로 걷는 것도 힘들어하지만, 사회 복지 관련 일을 하던 아버지와 같은 일을 하겠다는 꿈을 향해 매일 온 힘을 다해 살아가고 있습니다.

## 인간관계는 마음을 살피는 것이 중요하다

가깝고 소중한 사람일수록 사과하기 어렵다고 느끼는 사람도 있습니다. 그 마음을 너무나 잘 압니다. 다만 소중한 사람과 오래도록 후회 없이 좋은 관계를 쌓아 가고 싶다면 잘잘못을 따지거나 예전에 들은 말들을 속에 담아두는 등의 행동은 일단 멈추길 바랍니다. 가깝고 소중한 사람에게 사과하면 미래는 바뀝니다.

중요한 것은 몇 명에게 사과했느냐가 아닙니다. 아무에게나 가볍게 여러 번 사과하는 것보다 가깝고 소중한 사람에게 마음을 담아 사과하고, 상대의 마음을 살피는 것이 중요합니다. 자기주장만 내세우며 상대의 잘못을 비난하지 말고 상대의 기분을 헤아려 사과해 봅시다. 그러면 미처 알지 못했던 상대의 모습이 보이기 시작할 것입니다.

# 사과의 힘

# 좋은 인간관계를 위해
# 기억해야 할 세 가지

## '왜 그런 행동을 했을까' 생각하자

이번 장에서는 사과할 때 염두에 두어야 할 것, 그리고 구체적인 사과 방법을 함께 생각해 보고자 합니다. 좋은 인간관계를 가꾸는 데 정말 도움이 되는, 꼭 기억해야 할 세 가지 중요 원칙을 소개하겠습니다.

첫째, '행동에는 반드시 나름의 이유와 배경이 있다는 점을 기억하기'입니다.

초등학교 선생님인 한 친구의 이야기입니다.

그는 반에서 늘 말썽을 일으키는 아이가 어느 날 같은 반 친구를 때리는 모습을 우연히 보게 되었습니다. "안 돼! 또 친구를 때리다니! 어서 사과하렴!" 하고 주의를 주었지만 그 아이는 전혀 사과하지 않았죠. 방과 후 그 아이를 따로 불러 이유를 묻자, 아이는 살짝 젖은 눈으로 입술을 꼭 문 채 이렇게 말했습니다.

"……그치만 아빠가 없다고 놀렸단 말이에요."

진심으로 미안해진 친구는 "네 맘을 몰라 줘서 미안하다"라고 사과했습니다. 그러자 그 아이는 "으앙!" 하고 울음을 터뜨렸고, 이후로는 같은 반 친구를 때리지 않았다고 합니다. 이 아이가 전에도 같은 반 친구를 때린 적이 있다 보니 주변에서 가해자로만 봤던 것입니다. 하지만 아버지가 없다고 놀림 받아 상처를 입었다는 사정을 알고 나면 아이에 대한 시선이 바뀔 수밖에 없습니다.

사람의 행동에는 각각의 사정이 있기 마련입니다.

그러므로 편협하게 어떤 행동 하나만으로 그 사람을 판단하기보다는 각각의 사정이나 배경을 생각해 봅시다. 시시비비를 가리는 것은 나중에 해도 늦지 않습니다.


## 말할 타이밍은 따로 있다

둘째, '변명부터 하지 않기'입니다. 흔히 듣는 말이라 다 아는 이야기라고 생각할지도 모르겠지만, 굳이 언급한 데에는 이유가 있습니다. 상대방이 변명으로 받아들일 만한 표현을 하는 사람은 정작 그것을 변명이라고 생각하지 않기 때문입니다. 자기 생각에는 그저 있는 그대로의 사실을 전달했을 뿐인데, 상대방에게는 그것이 변명으로 들릴 때가 많습니다.

인간관계에 문제가 생겼을 때는 '미안해'라는 말 외에는 아무 말도 하지 않는 것이 좋습니다. 물론 때에 따라서는 꼭 해야 할 말도 있고, 오히려 아무 말도 하지 않았더니 대충 사과로 무마하려 한다는 말을 들을 때도 있을 것입니다. 그 순간 하고 싶은 말이 정말 많겠지만, 일단은 감정을 자제하는 것이 현명합니다.

　조금 더 자세히 말하자면, '변명하면 안 된다'는 것이 아니라 '지금 말하면 다 변명으로만 들릴 수 있다'는 것입니다. 조금 시간을 두고 기다리면 상대방에게 이야기를 들을 여유가 생깁니다. 상황 설명은 그때 해도 절대 늦지 않습니다. 말할 타이밍을 잘못 맞춰서 상대방의 기분을 상하게 하는 것보다 훨씬 효과적이죠. 이 점을 기억해 둔다면 손해 볼 일은 없습니다.

## 마음에 담아 두지 않는다

사과할 때 기억해야 할 것, 그 세 번째는 '질질 끌지 않기'입니다. 앞서 말했듯이 상대방은 당신을 상처 입히고 괴롭히기 위해 비난하는 것이 아닙니다. 화가 날 때, 짜증이 날 때, 슬플 때, 상대방은 당신이 자신의 기분을 알아주길 바라며 감정을 표현하는 것입니다. 이 부정적인 감정을 이해해 줘, 그렇게 하면 기분이 나쁘다는 것을 알아 주면 좋겠어, 라고 말이죠. 나와 상대방의 가치관이 달라 상대방의 기분이 상했다면 그에 대해 사과하면 그만입니다. 그러면 나는 잘못한 게 없다며 상대방을 이해하지 못하겠다는 생각이나 다음에 보기 불편하겠다는 기분 등을 계속 품고 갈 일이 없어집니다.

인간관계 문제의 대부분은 사과를 통해 더 좋은 방향으로 풀리기 마련입니다. 설령 당신이 사과해야 하는 쪽일지라도 '제대로 사과해서 더 이상 질질 끌지 않겠다'라는 점을 명심해야 합니다.

이게 전부냐는 생각이 들 정도로 쉬운 부분도 있고, 오히려 어려워 보일 정도로 익숙지 않은 부분도 있을 것입니다. 하지만 이 세 가지를 기억해 둔다면 인간관계에서의 불필요한 스트레스가 확실히 줄어들 것입니다. 부담 갖지 말고 편한 마음으로 한번 시도해 보세요. 우선은 할 수 있는 것부터 차근히요.

# 억지로 해결하려 하지 말고
# 우선 상대방의 기분을 헤아리자

## 사실 상대방은 문제를 해결하고 싶어 하지 않는다

상대방이 불만을 드러내거나 화를 내며 무언가를 지적할 때, 우리는 대부분 당황해서 당장 문제를 해결하려고 합니다. 누구 잘못이지? 어떻게 해야 좋을까? 이 사태를 어떻게 해결하지? 라고 무의식적으로 생각합니다. 그러나 이럴 때 가장 먼저 해야 할 일은 따로 있습니다. 자기 잘못을 인정하는 것도, 문제를 해결하는 것도 아닙니다. 바로 '상대방의 기분 헤아리기'입니다.

사람이란 본래 타인이 자기 기분을 이해해 주길 바라는 존재입니다. 문제가 생겼을 때, 우선은 그 문제가 해결되기보다는 지금의 자기 기분을 알아주길 바라는 경우가 많습니다.

## 해결책부터 내놓지 않는다

갑작스러운 업무가 생겨 어쩔 수 없이 약속을 취소해야 하는 상황에 놓였다고 가정해 봅시다. 그리고 이런 대화가 오가게 됩니다.

"미안해. 오늘 저녁 약속 있잖아, 내일까지 꼭 해야 하는 일이 생겨서……."

"뭐야! 전부터 약속한 거였잖아. 갑자기 일이 생겼다고 하면 어떡해?"

"정말 미안해. 다음에 날짜 다시 잡아서 그때 보자."

"다음이라니! 오늘 저녁은 어떡하라고! 이미 준비다 했는데……."

"다음에는 절대 다른 일정 안 생기게 할게. 그리고 사죄의 의미로 그날 내가 맛있는 거 살게! 용서해 줘."

"알았어. 어쩔 수 없지. 밥은 안 사도 돼……."

이 대화, 어쩐지 찜찜한 기분이 들지 않나요? '해결'에만 초점을 맞춘 대화이기 때문입니다. 그렇다면 상대방의 기분을 살피는 대화는 어떨까요?

"미안해. 오늘 저녁 약속 있잖아, 내일까지 꼭 해야 하는 일이 생겨서……."

"뭐야! 전부터 약속한 거였잖아. 갑자기 일이 생겼다고 하면 어떡해?"

"많이 기대했을 텐데, 미안해."

"그러니까. 엄청 기대하고 있었단 말이야!"

"진짜 미안해."

"정말……. 그럼, 오늘 약속은 이렇게 끝이야?"

"아니! 다른 괜찮은 날 알려 줘. 다시 약속 잡아야지."

"그럼, 다음에 만나면 진짜 맛있는 거 사 줘!"

"당연하지! 이해해 줘서 고마워. 그리고 정말 미안해. 그 대신 일 제대로 끝낼게."

"약속한 거야! 힘내!"


너무 잘 풀린 대화로 보일지도 모르겠지만, 이처럼 우선 상대방의 기분을 알아주기만 해도 결과는 확연히 달라집니다. 문제를 해결해야 한다는 생각에 너무 빨리 결론을 내 버리면 해소되지 못한 감정이 남게 됩니다.

물론 사람마다 생각과 가치관이 다르므로, 이 방법이 모든 상황에 맞는다고 할 수는 없습니다. 하지만 화를 내거나 불만을 얘기하는 사람들 대부분은 문제 해결을 우선으로 생각하지 않습니다. '이 문제는 원하는 대로 해결되지 못할 것을 알지만, 그래도 내 기분을 알아줬으면 좋겠다'는 생각인 것입니다.

# 소통을 잘하는 사람은
# 이렇게 말한다

## 자주 겪는 관계의 위기

이번에는 사과뿐만 아니라 소통 전반에 걸친 이야기를 해 보려고 합니다. 핵심은 자신의 행동을 정당화하거나, 문제를 해결하려고 하거나, 결론을 내는 것보다 상대방의 기분을 이해하는 것이 훨씬 중요하다는 것입니다.

한 내담자와의 상담 이야기입니다. 이 내담자는 하고 싶은 일을 발견해 시작해 보려는데, 남편이 여러 이유로 반대하는 탓에 고민이 깊었습니다. 남편은 내담자가 무언가를 할 때마다 "그렇게 하면 안 되지. 더 구체적으로 계획을 세우고, 예산도 생각해야지"라며 언제나 의견을 보탰다고 합니다. 처음에 내담자는 남편이 자기가 하려는 일에 그저 반대만 한다고 생각해 자신이 느낀 그대로 남편에게 전했습니다.

"모처럼 열심히 하려고 하는데, 당신이 반대하니까 기운이 빠져. 안 좋게만 보지 말고 그냥 믿고 응원해 줬으면 좋겠어."

그러자 남편은 "나는 안 좋게 보지도, 반대하지도 않았어. 그냥 내 의견을 말했을 뿐이야. 그렇다고 마음에도 없는 소릴 할 수는 없잖아. 그저 믿고 응원하는 건 불가능해"라고 했다고 합니다. 용기를 내서 솔직하게 자기 생각을 고백했는데 이런 반응이니 의지가 확 꺾이고만 내담자는 결국 '이런 사람이랑 결혼했다니……'라는 생각까지 하게 됩니다.

이런 상황에 대한 조언을 구하기에 저는 이렇게 말했습니다.

"남편의 말에는 정말 그 이상도 그 이하의 의미도 없었던 것 같아요. 당신을 부정한 게 아니라, 분명 당신이 잘할 수 있도록 조언했다고 생각한 거죠. 근거가 없는 허울뿐인 응원은 남편의 신념에 반하는 일이고요. 남편에게 사과해 보면 어떨까요?"

"사과요? 제가요?"

내담자의 목소리는 조금 커졌고 얼굴에는 놀람과 불만이 가득한 표정이 떠올랐습니다. 그러나 이런 반응을 처음부터 예상했기 때문에 저는 차분하게 대답했습니다.

"맞아요. 사과해 보는 거예요."

"뭐라고 사과하면 좋을까요?"

"'지금까지 당신이 한 말을 제대로 듣지 않았어'라고요. 그리고 한 번만으로도 충분하니 선입견을 버리고 남편이 하는 말을 있는 그대로 들어 보세요. 그다음 속는 셈 치고 남편의 말대로 해 보세요."

내담자는 오히려 남편에게 사과를 받아야 한다고 생각했었기 때문에 저의 제안을 받아들이기 상당히 힘들어 보였습니다. 하지만 못마땅해하면서도 저의 조언대로 해 보기로 했습니다.

## 사과를 통해 상대의 능력을 나의 것으로

그로부터 2주 정도 지났을 무렵, 그 내담자에게서 문자가 왔습니다.

"그때 말씀하신 대로 남편에게 사과하고 말을 잘 들어 봤어요. 그리고 남편의 말대로 해 보기도 했어요. 그랬더니 놀라울 정도로 많은 일이 잘 풀리게 된 거 있죠. 남편은 저에게 딱 맞는 조언을 해 준 것뿐이었어요. 제가 얼마나 편협하게 상대방을 평가하고 제게 맞추려고 했는지 깨달았어요. 감사합니다."

이 사례는 자신의 고집이나 고정관념 때문에 상대방에게 배타적으로 행동하고 상대방의 도움을 거부하는 대표적인 사례입니다. 그리고 상대방의 기분을 알고 이해하려고 노력함으로써 얼마나 상대방의 힘을 내 것으로 삼을 수 있는지 알려 주죠.

　다른 사람과 의견이 맞지 않을 때, 무턱대고 해결하려고 하거나 잘잘못을 따지려 하기보다는 우선 상대방을 알려고 하고 기분을 이해해 보세요. 그러면 상대방은 당신을 위해서 깜짝 놀랄 정도로 엄청난 능력을 발휘할 것입니다. 아니, 그제야 비로소 상대방이 가지고 있던 눈부신 장점이 보이기 시작할지도 모릅니다.

# 일 잘하는 사람이
# 사과도 잘한다

## 업무 능력은 사과하는 방법에 달려 있다

사과는 가족이나 친구 같은 사적인 관계에서뿐만 아니라 직장 같은 공적인 곳에서도 당연히 잘해야 합니다. 업무를 하다가 실수한 상황을 가정해 보겠습니다.

"일전의 업무와 관련한 건 말입니다. 제가 거래처에 연락을 늦게 하는 바람에 일정을 조정하게 되었습니다."

"뭐? 전에도 같은 실수하지 않았었나?"

"아뇨, 전에는 제 연락 실수가 아니라 상대방의 중복 예약이 원인이었습니다."

"어쨌건 간에 빨리 연락해서 다시 일정 잡도록 해."

"연락은 했는데, 아직 답변이 없습니다."

"그럼 한 번 더 연락해 봐."

"이 타이밍에 여러 번 연락하면 오히려 거래처의 신뢰를 잃을 수도 있습니다. 지금은 다시 연락할 타이밍이 아니라고 봅니다."

"알았으니까 제대로 일정 잡아 둬! (왠지 열받네!)"


딱 한 번 거래처에 연락을 늦게 했을 뿐인데 괜히 상사의 화를 사고 말았네요. 이럴 때 일 잘하는 사람은 어떻게 사과할까요?


"일전의 업무와 관련한 건 말입니다. 제가 거래처에 연락을 늦게 하는 바람에 일정을 조정하게 되었습니다."

"뭐? 전에도 같은 실수하지 않았었나?"

"죄송합니다."

"이미 일어난 일을 어떡하겠나. 빨리 연락해서 다시 일정 잡도록 해."

"알겠습니다."

"왜 그런 실수를 한 거야?"

"거래처가 이전에 중복 예약을 한 적이 있어서 먼저 연락을 하리라고 생각했습니다."

"그랬군. 이럴 때는 실수 후의 대처가 중요해. 정중하게 잘 부탁해 봐."

"알겠습니다. 조언 감사합니다."


어떤가요? 실수는 그대로지만, 확실히 상사와의 관계는 개선되는 분위기로 마무리되었습니다. 일을 잘하는 사람이 사과도 잘합니다. 사과하는 방식이 아주 약간만 달라져도 업무에 꽤 큰 차이가 납니다.

# 먼저 사과하기의
# 법칙

## 상황에 따라 사과할지 말지 결정하지 않는다

책을 읽으면서 조금씩 '사과'에 대한 인상이 바뀌고 있나
요? 어쩌면 벌써 사과하고 싶어진 사람이 있을지도 모르
겠습니다. 그렇다면 사과는 언제 해야 좋을까요?

　"내가 사과해야 한다고?"
　"아니, 이번에는 저쪽이 사과해야 하지 않아?"

"어느 쪽이 정답이지?"

쉽사리 판단을 내릴 수 없어서 고민이 되죠. 그런 당신에게 언제나 먼저 사과할 것을 제안합니다. 어디선가 '지는 것이 이기는 것'이라는 말을 들어 봤을 겁니다. 비슷한 의미로 '먼저 사과하는 것이 이기는 것'이라는 말을 들려드리고 싶습니다.

앞서 '우리의 행동에는 각자의 사정과 배경이 있다'라고 했습니다. 세상에는 사람 수만큼의 사정이 있고, 우리는 상대방의 기분을 미처 다 헤아리지 못합니다. 그러므로 상황을 판단하기에 앞서 일단 먼저 사과를 건네봅시다. 물론 상대방이 사과해야 할 때도 있으니 이 방법이 100퍼센트 정답이라고 할 수는 없습니다. 그렇지만 이를 감안하고서라도 '일단 먼저 사과하자'라고 결심해 보길 바랍니다. 고집부렸던 것이 어리석게 느껴질 정도로 일이 잘 풀릴 것입니다. 게다가 인간관계도 호전되고 그렇게 그릇이 커진 자신에 대한 만족감도 올라갈 것입니다.

## 완고한 후배에게 먼저 사과했더니 생긴 변화

후배와 사이가 좋지 않아 고민하던 한 친구가 있었습니다. 그 친구의 후배는 고집이 세서 자주 문제를 일으키면서도 절대 사과하지 않는 사람이라고 했습니다. 어느 날, 그 친구에게서 연락이 왔습니다. 살짝 흥분한 상태였습니다. 전날 후배가 또 문제를 일으켜 자기도 모르게 언성을 높였다더군요. 그렇게 둘의 관계는 최악으로 치달았습니다.

아무리 생각해도 후배의 잘못이 맞았지만, 친구도 언성을 높인 것은 사실이라 생각을 바꿔 "그때 큰 소리로 화내서 미안했다"라고 사과하자, 여간해서는 사과하지 않던 그 후배도 "저야말로 좋지 못한 모습을 보여드려서 죄송했습니다"라고 사과를 했다고 합니다.

친구는 이렇게 말하더군요. "사과하기 직전까지는 '왜 내가 사과해야 하는 거지'라고 생각했는데, 막상 사과하고 나니까 이해가 안 된다는 생각은 어디론가 날아가 버리고 상쾌할 정도로 속이 시원하더라니까. 사과한

나 자신이 기특하게 느껴질 정도로 말이야. 이건 먼저 사과해 본 사람만 느낄 수 있는 감정 맞지?"

친구의 말대로 이것은 먼저 사과한 사람만이 알 수 있는 신비로운 경험입니다. 당신도 이런 상쾌함을 느낄 수 있기를 바랍니다.

# 사과의 기술

# 사과할 때
# 하지 말아야 할 행동들

## 사과하고도 미움받는 행동 다섯 가지

안 하느니만 못한 사과를 하게 되면 상대방과의 관계가 더욱 안 좋아질 수 있습니다. 기껏 사과해 놓고도 미움을 사게 되는 것이죠. 사과하는 것만큼 중요한, 사과할 때 하지 말아야 할 행동들을 소개합니다.

**❶ 변명하기**

'내가 생각해도 변명만 하고 있네'라고 느낄 때가 한 번쯤은 있지 않나요? 그럴 때면 상대방이 내 말을 다 변명이라고 여겨도 할 말이 없습니다. 실제로 변명하고 있다는 자각이 있기 때문이죠. 하지만 중요한 것은 정말 변명을 하고 있느냐가 아닙니다. 사실, 변명이 아니라 '진실'이라든지 '정당한 이유'를 말할 때도 상대방은 당신이 변명을 늘어놓고 있다고 생각할 가능성이 꽤 있습니다. 이런 타이밍에는 상대방이 물어보는 것에만 대답하는 것이 좋습니다. 그 이외에는 '미안하다' 혹은 '죄송합니다'라는 말만 해야 합니다.

**❷ 말 늘어놓기**

사과하는 사람의 말이 길어질수록 사과받는 사람의 분노는 그만큼 점점 더 쌓여 갑니다. 이럴 경우, 말의 길이를 줄이는 것만으로도 분위기가 확 바뀝니다. 묻는 것에 간결하게 대답하면, 신기하게도 화나 있던 상대방이 나의 '진실'이나 '정당한 이유'를 스스로 밝혀 주려는 것처럼 계속 질문을 이어 갑니다. 그리고 결국 나의 입장을 이해해 주죠. 말이 길어지는 것은 결코 좋지 않습니다. 꼭 필요한 말만 짧게 대답해야 합니다.


**❸ 내 잘못이 아니라고 호소하기**

사과받는 사람이 가장 싫어하는 행동입니다. 특히 사과한 다음에 바로 자신에게는 잘못이 없다고 호소하는 사람이 있습니다. 이는 상대방과의 관계를 크게 망가뜨리는 원인이 됩니다. 이렇게 행동할 바에는 차라리 사과하지 않는 편이 낫습니다.


**❹ '미안해'라고 말한 다음 상대방 공격하기**

"미안해. 근데 한 가지 얘기할 게 있는데, 너도 말이야……."

기껏 사과해 놓고는 지지 않겠다는 듯이 상대방을 지적하는 사람이 있습니다. 이런 행동도 앞서 한 사과를 무용지물로 만듭니다.

"미안해. 근데 너도 전에 약속 깬 적 있잖아."

"네가 그런 말 할 자격은 없지."

"이번에는 어쩔 수 없지만, 다음번엔 좀 더 빨리 말해 줘."

"이번 일은 내가 잘못했지만 네가 잘못할 때도 있으니까."

이처럼 '사과하면 지는 것'이라는 생각이 불쑥 튀어나와서 어떻게든 비긴 것으로 끝내려고 이렇게 말하기 쉽습니다. 그러나 사과한 다음에 바로 상대방의 잘못을 지적하는 행동은 불에 기름을 붓는 격이니 자제해야 합니다.

### ❺ 사과한 다음 다른 사람에게 불평하기

사과하고 상황이 다 정리되었는데 다른 사람에게 가서 불평한다면 사과의 가치가 떨어지고 맙니다. 누군가에게 하소연하고 싶은 기분은 이해하지만, 만약 그 불평이 사과한 상대에게 전달된다면 돌이킬 수 없는 일이 됩니다. 누군가에게 공감받고 싶은 마음이 들 수도 있겠지만, 최대한 인내하는 것이 현명한 행동입니다.

　　'사과하고도 미움을 사는 다섯 가지 행동'은 결국 변명하지 않고 인정하며 진심으로 사과하는 방법을 깨닫게 해 줍니다. 누군가에게 사과하게 될 때 이 다섯 가지 방법을 떠올려 보세요. 큰 도움이 될 것입니다.

# 아무도 없는 곳에서
# 사과 연습하기

## 효과 만점! 빈 의자로 연습하기

지금까지 다양한 사과 방법을 소개했습니다. 그래도 여전히 사과하기 힘들거나 사과하기 싫은 상대가 있을 수 있죠. 그렇다면 '절대 못 할 것도 없지만 얼굴을 마주 보고 사과하기 어려운, 그러나 소중한 사람'의 이름을 우선 노트에 적어 봅시다. 그리고 그 사람이 눈앞에 있다고 가정하고 혼자 사과해 보세요. 정말 그 사람에게 말하듯이 실제 상황처럼 해야 합니다. 처음에는 부끄러울 수도 있지만 보는 사람이 아무도 없으니 괜찮습니다.

상담 방법 중에 '빈 의자 기법'이라는 것이 있습니다. 우선, 자신이 앉을 의자 하나와 아무도 앉지 않은 의자 하나를 준비합니다. 그다음에 아무도 앉지 않은 의자에 사과해야 할 사람이 앉아 있다고 상상하며 말을 겁니다. 예를 들어 이런 식으로 말이죠.

"아빠. 아빠는 왜 내가 진짜 하고 싶은 게 뭔지 물어보지도 않고, 그저 공부하라고, 집에 빨리 오라고만 해?"

이제 비어 있던 의자에 옮겨 앉습니다. 그리고 그 사람이 된 것처럼 자신의 질문에 대답합니다. 다시 말해, 이번에는 당신이 아버지가 되는 것이죠.

"그건 네가 걱정돼서 그렇지. 행복하길 바라니까. 아빠가 하지 않으면 누가 이런 말을 하겠니."

이렇게 혼자 대화를 주고받음으로써 상대방의 생각을 이해하며 고민을 해결하는 방법입니다.

눈앞에 상대방이 없더라도 그 사람이 실제로 있는 것처럼 말을 거는 것은 굉장히 효과적인 방법입니다. 상대방이 있다고 생각하고 실제로 소리 내어 사과해 보세요. 머릿속으로 생각할 때와 소리 내어 말할 때, 결과가 전혀 다르게 나타나는 경우가 종종 있습니다. 혼자서 하는 것뿐인데 '상대가 이런 생각을 했을 수도 있겠구나'라고 의외의 면을 발견하게 되기도 합니다. 속는 셈 치고 꼭 텅 빈 의자에 그 사람이 앉아 있다고 상상하며 마음을 전해 보세요.

## 부치지 않을 편지 써 보기

아무리 혼자라도 실제처럼 말을 거는 것이 어렵다면 절대 부치지 않을, 그래서 누구도 읽을 리 없는 편지를 써 보세요. 어차피 전해지지 않을 테니 쓰기 어렵지도 않을 테고, 아무도 읽지 않는다면 하고 싶은 말을 전부 쏠 수도 있겠죠. 상대방의 어떤 행동을 잘못이라고 생각하는지, 상대방의 어디가 마음에 안 드는지, 얼마나 용서할 수 없는지도 다 써 버립시다.

대신, 편지 어딘가에 짧게라도 좋으니 제대로 사과하는 말이 반드시 들어가야 합니다.

　분명한 사과의 말을 씀으로써 그 사람과의 사이에 맺힌 응어리를 정리할 수 있습니다. 편지는 자기 기분을 표현하거나 문제를 해결하려고만 쓰는 것이 아니라 상대방의 마음을 이해하기 위해 쓰는 것입니다. 쓰다 보면 분명 전보다 훨씬 사과하고 싶은 기분이 들 것입니다. 그렇게 고조된 감정이 바로 사과로 이어진다면 정말 더할 나위 없이 좋겠죠. 아니면 편지를 실제로 전해도 좋고요. 물론 실제로 사과하지 못해도, 편지를 전하지 못해도 괜찮습니다.

　신기하게도 글을 써야 비로소 보이는 세계가 있습니다. 상대방에게 전하고 싶은 생각을 글로 표현하다 보면 그 사람에 대한 당신의 감정도 틀림없이 점점 좋아질 것입니다. 그리고 무엇보다도 당신의 마음이 가벼워질 것입니다.

# 상대방의 페이스에
# 말려들지 않도록 조심하기

### '사과하면 그만이야?'라는 말을 들었을 때

저는 진심이 아니라면 사과하지 않겠다는 태도보다는 진심을 다 담을 수 없더라도 일단 사과하는 편이 낫다고 봅니다. 하지만 그런 의도로 사과했다가 "진심이 전혀 느껴지지 않는데", "적당히 사과하고 끝내려는 거지?" 등 마음속을 들킨 것처럼 지적당할 때도 있습니다. 사과했는데도 이런 핀잔을 들으면 울컥하겠죠. 하지만 이때 절대로 해서는 안 될 행동이 있습니다. 바로 발끈해서 되받아치는 것입니다.

"사과하지 않는 것보단 낫잖아!"
"백번 양보해서 사과했더니 말이 심하네!"
"진심이라니까!"

이처럼 발끈해 버리면 일만 더 꼬일 뿐입니다.
그렇다면 "적당히 사과하고 끝내려는 거지?"라는 말을 들었을 때는 어떻게 하면 좋을까요?
우선은 꾹 참습니다. 반사적으로 대답하면 무심코 상황이 악화되는 말을 하기 쉽기 때문에 주의가 필요합니다. 그다음, 한 번 작게 심호흡하고 '미안해' 혹은 '죄송합니다'라고 한 번 더 사과합니다. 그리고 침묵합니다. 이 방법은 고행처럼 힘들게 느껴질 수도 있을 것입니다. 그러나 조금만 더 인내심을 갖고 상대방의 이야기를 마저 들어 주세요.

## 욱하는 감정 통제하기

꼭 사과했을 때뿐만 아니라 여러 상황에서 상대방이 지나치게 공격적이거나 부정적으로, 혹은 일부러 심한 말을 하는 일이 왕왕 있습니다. 기껏 사과를 했는데도 상대방이 "됐어", "귀찮게 굴지 마!", "아, 기분 나빠. 먼저 갈게"라는 말을 하면 화가 나죠. 감정이 있는 인간인 이상 당연한 일입니다. 상대방이 이런 언행을 보인다면, 마음속으로 '나는 저런 말에 휘둘리지 않는다'라고 억지로라도 되뇌어 봅시다.

## 입 밖에 내는 말이 다 본심은 아니다

사람은 마음속 깊은 곳에 품은 생각을 모두 솔직하게 드러내지는 않습니다. 그리고 당신을 분노하게 하는 말은 사실 그 사람의 본심이 아닐 때가 많습니다. 저는 아내와의 다툼에서 이를 깨달았습니다. 부끄러움을 무릅쓰고 그 일화를 들려드리겠습니다.

저는 현재 여성에게 메이크업을 가르치는 일을 하고 있습니다. 일을 더 잘하고 싶고, 사람들에게 더 도움이 되고 싶은 마음에 철학박사와 심리 상담사 강의를 들으며 인간 심리에 대해서도 많이 공부했습니다. 직업 특성상 여성과 지내는 시간이 길어 여성 심리 전문가라고 할 만했죠. 그래서 결혼하면 누구보다도 아내를 행복하게 해 줄 자신이 있었습니다.

그러나 막상 결혼을 해 보니 의견 충돌과 싸움이 매일같이 이어졌습니다. '어라? 이럴 리가 없는데…….' 저는 점점 자신감을 잃었고, 어찌할 바를 모르고 끙끙대며 결혼 생활을 이어 갔습니다. 아내도 같은 마음이었을지도, 아니 더 괴로웠을지도 모릅니다.

아내는 다투면 "결국 다 내가 잘못한 거지. 당신은 심리 전문가니까 말이야"라고 말하곤 했습니다. 이제 와 아내의 입장에서 생각해 보면 '여성 심리 전문가'라는 타이틀을 내세우는 남자는 결혼 상대로 참 별로라는 생각이 드네요.

다시 이야기로 돌아와, 의견 충돌이 되풀이되던 어느 날이었습니다. 결국 아내의 불만은 절정에 달하고 말았습니다. 저를 몰아세우는 발언이 점점 심해지더니 아주 강하게 저를 비난하기 시작했습니다. 그 순간 저는 바로 아내에게 이렇게 말했습니다.

"사실은 그렇게 말하고 싶지 않잖아. 근데 어떻게 말해야 할지 모르는 거지? 알고 있어."

그러자 아내는 잔뜩 굳은 얼굴로 저에게 이렇게 대답했습니다.

"맞아. 어떻게 해야 할지 모르겠어." 그러고는 여전히 굳은 표정을 풀지 않은 채로 눈물을 흘리며 말했습니다. "도와줘……."

그렇습니다. 아내도 그런 자신을 어찌할 줄 몰라 괴로워하고 있었던 것입니다. 저는 이 말을 듣자마자 저도 모르게 아내를 꼭 끌어안았습니다.

"미안해. 미안해."

저의 화를 돋우었던 아내의 말은 사실 아내의 본심이 아니었고, 아내도 아내 나름대로 자기 안의 모순에 괴로워하고 있었습니다. 그때 아내의 마음속 깊은 곳에 있는 감정을 헤아리지 않고, 저를 공격하는 말이 아내의 본심이라고 생각했다면 아마도 부부 관계를 계속 이어 나가기 어려웠을 것입니다. 이 일을 겪은 덕분에 지금은 이전보다 부딪치는 일도, 사과할 일도 줄었습니다.

입 밖에 낸 말이 전부 진심인 것은 아닙니다. 당신에게 가깝고 소중한 사람도 마음속 깊은 곳에는 당신을 상처 입힌 말과는 다른 생각을 품고 있을 것입니다. 누구든지 그럴 겁니다. 욱하게 하는 말을 듣더라도 '나는 저런 말에 휘둘리지 않는다'라고 꼭 마음속으로 외쳐 보세요. 언젠가 그 사람의 진짜 마음과 만날 수 있을 것입니다.

# 10분 간 휴식!

## 정말 사소한 일로 돌이킬 수 없는 실수를 저지른다

부부, 부모, 자식, 연인 등 가까운 사람일수록 말다툼을 할 때 거침없이 부딪치곤 합니다. 이럴 때면 지나치게 흥분한 나머지 심한 말로 상처를 주거나 상처받기도 하죠. 자칫하면 한 번의 말다툼이 원인이 되어 헤어지거나 연이 끊기기도 합니다.

"맨날 핸드폰만 들여다보고 내 얘기는 하나도 안 듣고 있지."

"미안, 미안. 이제 핸드폰 안 볼게, 계속 얘기해."

"미안, 미안이라니. 그게 사과하는 사람의 태도야? 제대로 듣지도 않는데 더 얘기하고 싶지도 않아. 내 얘기는 아무래도 상관없는 거지?"

"아니라니까! 왜 그렇게 꼬아서 들어? 얘기해 달라고 했잖아!"

"뭐? 왜 적반하장이야? 그래, 꼬아 들은 내가 잘못했네. 가르치듯이 말하는 거, 진짜 짜증 나는 거 알아?"

"가르치려고 한 적 없거든? 왜 다 트집이야!"


그야말로 불에 기름을 붓는 상황이네요. 시작은 별것 아닌 일이었는데, 이대로 계속 대화가 이어지면 되돌릴 수 없는 사태가 될 수밖에 없습니다. 게다가 둘 다 흥분한 상태라서 서로 물러서기도 어려워 보이네요.

지금부터는 이처럼 가까운 사람들과 소통할 때 생기기 쉬운 충돌을 피하는 방법을 소개하겠습니다.

## 더 이상 사태를 악화시키지 않으려면?

가까운 사람과 말다툼을 하게 되었을 때 '10분 휴식'을 해 보세요. 대화가 과열될 것 같을 때, "잠깐 휴식!"이라고 외친 다음, 뒤로 돌아 상대방과 거리를 두는 겁니다. 상대방이 "아직 이야기 안 끝났거든!"이라고 해도 반응하면 안 됩니다. 그대로 돌아보지 말고 상대방에게서 점점 멀어집니다. 5분에서 10분 정도 완전히 다른 장소에서 시간을 보내고 나면 신기한 일이 벌어질 것입니다. 끓어올랐던 감정이 점점 가라앉고, 상대방의 기분도 이해되기 시작합니다.

'하긴, 핸드폰이나 쳐다보면서 건성으로 대답하면 화가 나긴 할 거야.'
'하긴, 나도 화가 나면 상대가 싫어할 말을 일부러 하긴 하지.'

이렇게 '나도 잘못했네'라는 생각이 들 때쯤 다시 얼

굴을 마주합니다. 휴식 시간은 꼭 10분이 아니더라도 괜찮습니다. 감정의 변화가 생길 때까지 거리를 두어도 됩니다.


　　"아까는 미안했어."
　　"나도 미안해."


　　직전에 나눴던 대화를 언급하지 않고 '아까는 미안했어' 정도로 끝내는 것이 제일 효과적입니다. 중요한 것은 흥분한 채로 다툼을 해결하려고 하지 않는 것입니다.

# 아랫사람에게
# 이렇게 사과하자

## 은근슬쩍 자기 실수가 아닌 척 하지 않기

부하나 후배에게 사과하는 것은 참 어려운 일이죠. 아랫
사람에게 제대로 사과할 줄 아는 사람은 대단한 사람입
니다. 부하나 후배가 화내거나 불만을 말할 때 '상대방의
기분'을 헤아리기보다 먼저 잘잘못을 따지고 마는 사람
이 적지 않기 때문입니다. 한 가지 상황을 예로 들어 볼
까요?

"어제 확인 전화 주신다고 하셨던 것 같은데…….”

"미안, 미안. 회의가 길어져서 못 했어. 현장에 나가면 전화하기 어려울 때가 있어.”

"연락이 힘든 상황이라면 그렇다고 한마디라도 해 주시면 좋을 것 같아요.”

"그게 가능했으면 전화를 했겠지. 앞으로는 전화가 없으면 바쁜가 보다 생각하라고. 그리고 말이야, 머리에 떠오르는 대로 불만을 말하지 말고 상대의 사정을 먼저 헤아려 보는 게 사회생활의 기본이라는 거 몰라?”

"죄송합니다.”


아랫사람에게 사과하긴커녕 도리어 사과를 받았네요. 상사와 부하 사이에서는 이런 상황이 자주 생기곤 합니다. 상사는 부하에게 '다 알 만한 사람이 이 정도도 이해를 못 하나?'라는 생각을 갖기 마련입니다. 물론 사회생활 경험이 풍부한 사람이 할 수 있는 예리한 지적이라고도 볼 수 있겠죠. 다만, 자기 좋을 대로 해석할 때도 있다는 문제가 있습니다. 불만을 심사숙고하지 않고 바로 말하는 것은 사회생활에 미숙한 것처럼 보일 수도 있습니다. 하지만 자신이 약속했던 전화를 깜빡한 것에 관해 나누는 대화에서 이런 대답을 하는 것은 은근슬쩍 문제의 논지를 바꾸는 행위입니다. 이는 '상대방의 기분'보다 '자신의 기분'과 '문제'를 우선하는 대화입니다. 게다가 훈수까지 두고 있으니 억울한 심정일 부하가 정말 안쓰러울 따름입니다. '상대방의 기분'을 우선하는 대화를 볼까요?

"어제 확인 전화 주신다고 하셨던 것 같은데……."

"그랬었지. 전화 못 해서 미안하네."

"연락이 힘든 상황이라면 그렇다고 한마디라도 해 주시면 좋을 것 같아요."

"알았네. 앞으로는 짧게라도 메시지를 남기도록 하지. 미안하네. 그런데도 이해해 줘서 고마워."

"제 의견에 답변해 주셔서 저야말로 감사합니다. 용기 내어 말하길 잘한 것 같아요."

어떤가요? 상사와 부하 사이의 신뢰가 더 깊어지리라는 것은 굳이 말할 필요도 없겠죠?

## 아이에게 사과하는 방법

이런 대화는 형제, 자매, 부모 자식 사이에서도 똑같이 적용됩니다.

"아빠아! 일어나아! 놀자아!"

주말 아침, 전날 늦게 잠든 아빠의 사정을 알 리 없는 한 아이가 이른 아침부터 아빠를 깨웁니다. 아들의 성화에 아빠는 겨우 눈을 뜨긴 했지만 결국 거실에서 또 잠이 들고 말았습니다. 아이는 아빠와 재미있는 유튜브 영상을 같이 보고 싶은데 아빠가 다시 잠이 들자 "일어나! 재미있는 부분 나왔단 말이야! 아빠!" 하고 아빠를 때리며 깨웁니다.

여기서 아빠가 "이 녀석! 아빠가 어떤 상황에서도 사람을 때리면 안 된다고 말했잖아! 그리고 일어났어도 피곤해서 다시 잠들 수도 있지!"라고 호통칩니다. 그러자 아이는 "내가 아빠랑 노는 걸 얼마나 좋아하는지 알아? 모르면 됐어! 그냥 자! 아빠 미워!"라며 울음을 터뜨리고 맙니다.

객관적으로 봤을 때 어떤가요? 아빠의 기분이나 상황을 보면 다시 잠드는 것도 어쩔 수 없어 보이지만, 아들의 기분을 생각하면 정말 안타깝지 않나요? 아이들의 성격은 매우 다양합니다. 자기 기분을 분명하게 말하는 아이도 있고, 솔직하게 말하지 못하는 아이도 있습니다. 후자인 아이는 자기 속내를 아무에게도 말하지 못한 채 부모나 사회에 실망만 하게 됩니다.

그래서 부모는 반드시 아이의 기분을 살피고 이를 보듬어 사과할 수 있어야 합니다. 이 마음가짐은 정말 중요합니다. 그런 부모에게서 자라는 아이는 자존감이 높은 사람으로 성장하기 때문입니다.

좋은 인간관계를 위해서는 상하 관계에 상관없이, 사람 대 사람으로서 사과할 줄 아는 힘을 키워야 합니다.

# 윗사람에게
# 이렇게 사과하자

## 약삭빠르게 행동하는 후배는 미움받는다

이번에는 입장을 바꿔 볼까요? 상사나 선배 등 윗사람에게는 어떻게 사과해야 할까요? 죄송한 마음을 전하면서 배우려는 태도를 보여야 합니다.

'자기는 얼마나 이해하는데?'
'알면 얼마나 안다고'

이런 태도로 상대를 불쾌하게 해서는 안 됩니다.

"이번에는 정말 죄송했습니다. 선배님이 지적하신 대로 거래처에 더 자주 확인했어야 했어요. 저도 알고는 있었지만, 행동으로 옮기지 못했습니다. 제 책임입니다. 죄송합니다."

변명하는 것처럼 들리는 사과인데요. 배우려는 태도가 반영된 사과는 어떤 것일까요?

"이번에는 정말 죄송했습니다. 그리고 거래처에 더 자주 확인하라고 알려 주셔서 감사합니다. 저도 선배님처럼 고객과 두터운 관계를 쌓고 싶습니다. 혹시 괜찮으시다면 이번 건과 관련해서 조언해 주실 수 있을까요? 어떤 타이밍에, 어떻게 대응하면 좋았을까요?"

배우려는 태도뿐만 아니라 감사의 마음까지 제대로 담았네요. 후배가 이렇게 말한다면 얼마나 기특할까요?

이런 사과를 듣게 되면 좋은 후배라는 생각이 드는 것은 물론이고, 하나라도 더 알려 주고 싶은 마음이 계속 들 것입니다.

## '덕분에'라고 말해 보자

상사를 화나게 했거나 선배와 다툼이 있었다면 당연히 어색해질 테죠. 그리고 다시 마주쳤을 때 감정이 동요하는 것도 당연합니다. 이런 상황에서는 윗사람들도 대부분 계속 불편한 상태로 지내길 바라지는 않을 것입니다. '오래 끌지 않았으면 하지만, 그렇다고 잊진 않았으면 좋겠다. 그리고 같은 실수는 반복하지 않았으면 좋겠다'라고 생각할 뿐입니다.

　예를 들어, 지각을 해서 지적당한 적이 있다면 다시는 늦지 않아야 하고, 다른 사람의 이야기에 주의를 기울이지 못해 실수한 경험이 있다면 경청하며 더욱 주의를 기울이는 모습을 보여야 합니다.

상사나 선배는 자신과 관련된 사람이 성장하는 모습을 지켜보는 것이 기쁨인 존재입니다.

그러니 꼭 '당신 덕분에 제가 이렇게 성장했습니다'라는 모습을 보여 줍시다. 그리고 '이 녀석, 예전에는 실수하기도 했지만, 지금은 아주 믿음직하다'라고 선배가 자랑스럽게 소개할 수 있는 관계를 목표로 해 봅시다.

# SNS 사과,
# 괜찮을까?

## 너무 편해서 문제가 커지는 SNS

현대인의 소통에서 빼놓을 수 없는 것이 SNS입니다. 지금은 편리한 수단을 넘어 생활의 일부가 되었죠. SNS 사과는 관계에 어떤 영향을 미칠까요? 아주 중요한 부분이니 결론부터 말씀드리겠습니다. 누군가와 갈등이 생겼을 때 '미안해'라는 말만큼은 절대 SNS로 하지 마세요. 반드시 직접 만나거나 적어도 전화로 사과해야 합니다.

SNS 사과는 그 어떤 사과보다 어렵다고 해도 과언이 아닙니다. SNS 메시지로 민감한 대화를 할 때는 굉장한 주의가 필요하기 때문입니다.


## 문자로 마음을 전하는 것이 어려운 이유

첫째, 글로는 생각의 온도까지 표현하기가 어렵기 때문입니다. 글쓰기가 업인 작가에게도 정말 힘든 일이죠. 글만으로는 실제 감정보다 건조하게 느껴지거나 변명처럼 보이기 쉽습니다.

"아까는 미안했어."

어떤가요? 이 문장만으로 상대에게 얼마나 미안한지 짐작할 수 있나요? 즐거운 분위기에서 전하는 감사의 마음은 글로 마음의 온도를 표현하기가 비교적 쉽습니다. 그러나 사과하는 상황은 글만으로는 마음의 온도를 전하기가 매우 어렵습니다.

둘째, 단어 하나로도 오해를 살 수 있기 때문입니다.

친구가 어떤 행사에 초대해 줬다고 가정해 봅시다. 처음에는 참석할 예정이었는데, 이후 어쩔 수 없는 일이 생겨서 가지 못하겠다고 연락했더니 친구로부터 '유감이네'라는 답장을 받았습니다. 이 '유감이네'라는 말의 의미는 무엇일까요? '당신에게 실망했다'라는 의미일까요? 아니면 '꼭 당신과 가고 싶었는데 그러지 못해 아쉽다'라는 의미일까요? 받는 사람은 전자의 의미로 해석하고, 보내는 사람은 후자의 의미로 보냈을 가능성이 있습니다. '유감이네'라는 단 네 글자도 이렇게나 다르게 생각될 수 있는 것입니다.

책을 쓰는 글쟁이인 저조차도 SNS로 연락을 주고받는 일은 어렵게만 느껴집니다. 사과할 때는 더더욱 그렇고요. 조금이라도 자신의 의도와 다르게 받아들여진 것 같다면 더 이상 문자를 주고받지 말고 바로 전화를 하거나 직접 만나 오해를 푸는 것이 좋습니다.

## SNS 사과는 보조 수단일 뿐

상대방과 제대로 마주해 오해를 풀었다면, SNS 사과로 한 번 더 미안한 마음을 전해도 좋습니다.

　오늘 만나서 기뻤어. 진지하게 내 이야기를 들어 줘서 고마워. 내가 말주변이 부족해서 너의 기분을 상하게 했어. 다시 한번 사과할게. 아직 많이 부족하지만, 앞으로 좋은 관계를 이어 갈 수 있게 내가 더 노력할게. 오늘 시간 내 줘서 정말 고마워.

　직접 만난 다음에 사과와 감사의 마음을 전할 때 이렇게 SNS를 활용하면 상대방의 기분, 그리고 상대방과의 관계가 크게 달라집니다.

　SNS 덕분에 언제 어디서든 연락을 할 수 있고, 생일을 축하하거나 모임 참석 여부도 쉽게 알릴 수 있게 되었습니다. 그러나 이런 지나친 편리성이 의견 충돌이나 다툼의 원인이 될 수도 있다는 것에 주목하는 사람은 많지 않습니다.

　간편한 기능에 기대 '미안해'라는 사과마저 SNS로 얼버무리려고 한다면, 정말 소중한 사람과의 관계가 망가져 버릴 수도 있습니다. 소중한 사람과 의견이 엇갈렸을 때, 상대방에게 오해를 샀을 때, 상대방에게 상처를 주었을 때 SNS 사과는 금물입니다.

　사과에는 약간의 기술이 필요하긴 합니다. 하지만 기술보다 훨씬 중요한 것이 바로 '상대방에게 진심을 다하는 것'입니다. 상대방에게 한 실수에 얽매이지 말고 제대로 사과해서 마음 가벼운 하루를 보낼 수 있기를 바랍니다.

# 4장

# 인생을 바꾸는 마법의 주문
# '미안해'

# 완벽한 부모는 없다

### 30개월 딸에게 손을 올렸던 싱글 맘

자식이 부모의 마음을 알기란 정말 어려운 것 같습니다. '부모가 되고 나서야 그 마음을 알았다'라는 말도 자주 듣곤 하죠. 우리는 모두 어머니를 통해 이 세상에 나왔습니다. 그러나 모든 부모 자식이 사이좋게 지내는 것은 아닙니다. 부모님과의 관계가 어쩐지 갑갑하게 느껴지는 사람도 있을 테고, 사이가 안 좋아서 연락도 하지 않고 지내는 사람도 있을 것입니다.

　두 딸을 키우는 한 싱글 맘의 이야기입니다. 이 어머니는 큰딸이 초등학교 4학년이었을 때 이런 말을 들었다고 합니다.

　"나 어렸을 때, 엄마한테 맞은 적 있지?"

　어머니는 실제로 딱 한 번, 큰딸에게 손을 올린 적이 있었다고 합니다. 큰딸이 30개월쯤 되었을 때, 막 태어난 둘째까지 데리고 슈퍼마켓에 장을 보러 갔는데, 큰딸이 카트를 밀고 싶다고 했죠. 카트에 둘째를 태우고 있으니 오늘은 안 된다고 했는데, 잠시 눈을 돌린 사이 큰딸이 카트를 밀었습니다. 그 바람에 둘째를 태운 카트가 갑자기 앞으로 튀어 나가고 말았습니다. 그 순간 카트를 세운 어머니는 뒤돌아서 "위험하잖니!"라며 무의식적으로 큰딸에게 손을 올렸습니다. 큰딸은 무슨 일이 일어났는지도 모른 채 엄마에게 맞아 울기 시작했고, 이어서 둘째마저 울음을 터뜨리고 말았습니다.

　어머니는 당시 상황을 하나하나 큰딸에게 설명했고, 그때 큰딸의 기분은 어땠는지 물었다고 합니다. 그리고 어린 두 아이를 혼자 키우며 한계에 다다랐던 일, 큰일 날 뻔했다는 생각에 울컥했던 감정을 이야기하며 "그때는 무섭게 굴어서 미안했어"라고 사과했습니다.

　"엄마도 힘들었지……. 동생은 괜찮았어?"

　초등학교 4학년이었던 큰딸은 묵은 감정이 풀렸는지 그때 동생이 괜찮았는지 걱정했다고 합니다. 그날 장도 못 보고 자전거 앞뒤에 딸들을 태운 채 셋 다 펑펑 울며 그대로 집에 돌아왔던 일, 집에 도착해 셋이서 기절하듯 낮잠을 잤던 일 등을 큰딸이 즐겁게 들어 주자, 어머니는 그 대화를 통해 당시 산후 우울증을 겪었던 자신이 치유되는 기분이 들었다고 합니다. 큰딸 또한 엄마가 자신을 소중하게 여기는 마음을 느낀 듯했고요.

　"큰딸은 어느새 자기가 좋아하는 일에 푹 빠져 지내는 순수한 열다섯 살 아이로 자랐어요. 그날 대화 이후로 서로 솔직하게 '미안해', '고마워'라고 말할 수 있게 되었습니다. 큰딸뿐만 아니라 작은딸도 누군가를 기분 나쁘게 했을 때 상대방에게 솔직하게 사과할 줄 아는 것 같더라고요. 그날, 큰딸에게 사과해서 진심으로 다행이라고 생각해요."

후련한 얼굴로 이야기하는 어머니를 보며 앞으로도 딸들과 사이좋게, 서로의 성장을 응원하는 관계로 지내겠구나, 라고 생각했습니다.

## 부모도 고집을 부리고, 때론 틀리기도 한다

이 모녀의 이야기를 들었을 때 마음이 따뜻해지던 것을 마치 어제 일처럼 기억합니다. 사과한 어머니도 대단하지만, 당시 일을 이야기한 딸도 대단하다고 생각했습니다. 어쩌면 그때의 기억은 딸에게 트라우마였을지도 모릅니다. 평생 엄마를 무서워하며 살았을지도 모르죠. 하지만 용기를 내 이야기를 꺼냄으로써 어머니가 사과할 수 있도록 기회를 주었습니다.

모녀는 당시의 기분과 상황을 이야기하면서 서로를 이해했습니다. 이 대화를 나누지 않았다면 딸의 인생은 완전히 달라졌을지도 모릅니다. 많은 부모와 자녀가 이런 대화를 나누지 않고 과거의 일을 계속 가슴속에 담아 둔 채 '엄마는 그런 사람이야', '이런 생각으로 나에게 그랬겠지'라고 마음대로 단정합니다. 하지만 우리는 완벽하지 않습니다. 완벽한 사람은 아무도 없죠. 부모도 마찬가지입니다. 부모도 아니라는 걸 알면서 고집부릴 때가 있고 틀릴 때가 있습니다. 부모님에게 상처받은 경험이 있다면, 용기 내어 말해 보세요. 어쩌면 부모님도 그때 일을 후회하고 있을지 모릅니다. 그리고 그 말과 행동은 당신을 향한 사랑에서 비롯된 실수였을 수 있습니다. 그동안 꺼내지 않았던 마음속 응어리를 마주하고 해소할 수 있기를 바랍니다.

# 미안하다고 말하기 어려운,
# 스스럼없는 사이일수록

### 부모 자식 간에는 굳이 사과할 필요 없다고 생각하는 이유

우리는 가까운 사이일수록 사과하기 어려워합니다. 특히
가족에게 더 그렇지요. 왜 그럴까요? 바로 '보증'이 있기
때문이라고 생각합니다. 아무리 뻔뻔하게 굴고 시비를
걸어도 가족이라는 사실은 변하지 않기 때문에 거리낌
없이 불만을 말하거나 진심으로 화를 낼 수 있는 것이죠.

　하지만 직장 상사나 회사 대표라면 어떨까요? 혹은

친구라면? 반드시 그렇지는 않겠지만 가족과 싸울 때처럼 하고 싶은 말을 다 하지는 못할 것이고, 상대가 어떻게 생각하든 상관없다고 여기지도 못할 것입니다. '보증'이 없기 때문입니다. 하고 싶은 말을 다 했다가는 해고당할 수도 있고, 회사 사람들이 함께 어울려 주지 않을지도 모릅니다. 더 많은 이유가 있겠지만, 이처럼 '보증'이 있는 관계와 없는 관계는 사과했을 때와 사과하지 않았을 때의 차이가 큽니다.

## 친한 사이일수록 '예의'가 필요하다

가장 가까운 사이인 만큼, 가족이라는 보증은 바위처럼 단단합니다. 그런데 가족 간의 단단한 결속이 점점 사라져 간다고 느끼는 사람도 많을 것입니다. 부모나 형제자매와 절연한 사람들이 꽤 많습니다. 지난 몇 년간 변변한 대화 한 번 나눠 본 적 없다거나 내게 상처를 준 가족을 절대 용서하지 않겠다는 사람들도 있죠. 이렇게 된 원인은 서로 '보증'이 있다고 너무 믿은 탓에(일방적이든 쌍방이든 간에) 생각한 것을 그대로 말하고, 사과하지 않고, 자기 생각만 계속 내세우며 관계가 점점 악화했기 때문입니다. 어떻게 보면 '보증 = 응석'이라고 표현할 수도 있겠네요.

핵가족화, 인터넷 발달, 스마트폰 사용 증가로 개인시간의 비중이 높아진 시대적 배경과 맞물려 가정이 무너져 내리는 일이 늘고 있습니다. 가까운 사람과의 '보증'이 점점 약해지고 있는 것입니다. 가족과 무슨 이야기든 다 할 수 있다면 정말 좋겠지만, 그렇다고 아무 말이나 하다가 사이가 틀어지게 된다면 아무 소용 없는 일입니다. 가깝고 친한 사이일수록 예의가 필요합니다. 이것은 사회생활 인맥이나 친구 관계가 아니라 가족이라는 가장 가까운 사람들에게 우선 적용되어야 할 말입니다. '보증'이란 말에 기대지 마세요. 상대방을 배려하고, 서로 이해하려고 노력하고, 그리고 서로 양보함으로써 신뢰가 쌓이는 관계, 이것이 이상적인 가족입니다.

## 언젠가 '미안해'라고 말하자

가족 중 누군가와 관계가 소원해졌거나, 해묵은 감정을 털지 못한 사람에게 전하고 싶은 말이 있다면 서두르지 않아도 됩니다. 물론 사과하고 좋은 관계를 쌓는 일은 매우 중요하고 멋진 일입니다. 하지만 지금 당장 그렇게 하지 못한다고 해서 행복해질 수 없는 것은 아닙니다. 영 마음에 걸린다면 일단 지금은 '언젠가 미안하다고 말하자'라고 다짐해 봅시다. 그것만으로도 이미 앞으로 나아가고 있는 것입니다.

# 나를 구원해 준
# 아버지의 사과

## 사과를 받고 기뻤던 적이 있나요?

지금 생각해 봐도 그때 사과를 받아서 혹은 사과해서 참 좋았다고 떠올리게 되는 경험이 있나요? 그런 경험을 떠올릴 수 있는 사람에게 사과는 정말 좋은 기억으로 남아 있을 겁니다. 그리고 좋은 기억으로 남은 사과는 그와 관련된 사람들과의 관계에도 좋은 영향을 미칩니다.

사과가 있는 곳에는 반드시 사연이 있습니다. 우리

는 사연이 있는 일을 좋게 기억하고, 그것을 종종 떠올리곤 합니다. 미안하다고 사과하는 것을 지금 당장은 피하고 싶을 겁니다. 하지만 멀리 보면 사과는 인생을 아름답게 만드는 일입니다. 여러분도 수많은 사과와 함께 인생에 멋진 스토리를 쌓아 가길 바랍니다.

## 사업에 실패한 아버지, 영업 사원이 된 어머니

이 책도 마지막 장에 가까워지고 있네요. 사과에 관한 책을 쓰리라고는 꿈에도 상상하지 못했습니다. 하지만 덕분에 제 인생을 돌아보며 저 또한 '미안해'라는 말로 무수히 구원받았다는 사실을 알게 되었습니다. 그중 제 인생에 가장 큰 영향을 준 사과 이야기를 하려고 합니다. 바로 제 아버지의 사과입니다.

제 아버지는 옛날부터 아이디어가 넘쳤고, 늘 재미있는 이야기로 주변 사람들을 웃게 하는 재주가 있었습니다. 코미디언 뺨치게 재치 있는 사람이었죠. 허둥대는 모습도, 벌컥 화를 내는 모습도, 어머니를 포함한 누구에게도 사과하는 모습을 보인 적이 없는, 태연한 사람이었습니다. 당시 아버지는 누구나 알 만한 대기업에서 일하고 있었고, 그것은 저의 자랑이었습니다. 그런 아버지가 제가 초등학교 5학년 때 회사를 그만두고 동네에서 바bar를 개업하겠다고 선언했습니다.

저의 자랑거리가 사라진다는 아쉬움은 있었지만, 솔직히 어린 마음에도 아버지가 대단하다고 생각했습니다. 아버지는 퇴직 후 집에서 가장 가까운 역 근처에 바를 열었습니다. 하지만 자가용을 이용하는 사람이 많다 보니 손님을 모으기가 쉽지 않았습니다. 결국 개업한 지 약 3년 만에 아버지는 가게를 접게 되었습니다.

어머니는 대기업 샐러리맨과 결혼해 따스한 보금자리에서 세 아이와 행복하게 지내며 주말엔 테니스도 즐기는, 그림같이 행복한 생활을 하던 사람이었습니다. 그러나 아버지가 가게를 닫은 이후로 어머니는 영업 일을 시작할 수밖에 없었습니다. 그리고 결국, 가장이 되어 집안을 지탱하게 되었습니다.

그 무렵 아버지는 우리 앞에서 불안을 내보이지도, 갑자기 돌변해서 도리어 화를 내거나 하지도 않았습니다. 그렇다고 사과를 하지도 않았고, 언제나처럼 아무렇지 않게 지냈습니다. 아버지가 사업에 실패하긴 했지만, 스스로 원하는 인생을 살았던 것을 저는 높이 평가했습니다. 그리고 이 일이 저의 독립에도 큰 영향을 끼쳤습니다. 다만 솔직하게 말해, 아버지를 '실패자'라고 무시하는 면도 없지 않아 있었습니다.

## 아들아, 미안하다

그로부터 꽤 많은 시간이 흘러 저는 집에서 나와 독립했습니다. 여전히 고생 중이긴 했지만 조금씩 일이 안정권에 들어설 무렵이었습니다. 아버지가 "다음 주 목요일에 시간 되니?"라며 아버지, 형, 저, 셋이서 술이나 한잔하자고 불렀습니다. 붉은 초롱이 걸려 있는 술집에 모인 세 남자는 특별한 대화도 없이 서빙된 안주를 먹으며 조용히 술만 마셨습니다. 그렇다고 그 술자리가 이상하다거나 침묵이 불편하진 않았습니다.

술을 마신 지 30분 정도 지났을 때, 아버지가 이야기를 하기 시작했습니다.

"다름이 아니라, 히로시에게 사과하려고 불렀어."

다른 사람에게 사과하는 모습을 보인 적 없던 아버지가, 언제나 속을 알 수 없어 반성하고 있는지, 후회하고 있는지, 포기했는지 아닌지 알 수 없던 아버지가, 저에게 사과하겠다고 한 것입니다. 도무지 믿을 수 없던 아버지의 한마디. 그런 만큼 저도 모르게 눈물이 차올랐습니다. 아버지는 계속해서 말을 이어 갔습니다.

"내가 가게를 시작해 놓고선 제대로 운영하질 못해서 너희에게 고생만 시켰지. 미안했다. 히로시, 그런데도 너는 훌륭하게 자기 일을 잘하고 있어서 기특하게 생각하고 있어. 정말 미안했다."

## 우리는 누구나 미숙하고, 누구나 좋은 사람이다

아버지의 말에 당시의 일들이 기억 깊은 곳에서 쏟아져 나오기 시작했습니다. 아버지와 어머니가 가게 운영을 두고 싸웠던 일, 크리스마스 아침에 눈을 떴는데 값싸 보이고 볼품없는 선물이 놓여 있어 실망했던 일, 가게 일을 도왔을 때 아르바이트비를 적게 받아 화가 났던 일, 여름 축제 때 노점을 내고도 아버지의 호객 소리가 작아서 손님을 별로 모으지 못했던 일, 가게가 망하고 난 후 아버지가 매일 밤 공장에 나가 아르바이트를 했던 일 등. 하지만 그 모든 일이 아버지가 바란 것은 아니었으며, 갈등하면서도 자식들에게는 그런 모습을 보이지 않으려고 아버지 나름대로 열심히 살았다는 것을 그제야 깨달았습니다. 아버지를 향한 애정과 감사, 그동안 아버지의 마음을 미처 알지 못했다는 후회가 한꺼번에 밀려와 감정의 허용치를 넘어 버렸는지, 저는 아버지와 형의 얼굴이 보이지 않을 정도로 눈물을 쏟고 말았습니다.

"저는 한 번도 아버지 때문에 고생한다고 생각한 적

없어요. 아버지가 원하는 길을 가신 덕분에 저도 저만의 길을 걷겠다고 결심할 수 있었어요. 감사합니다. 그리고 그때 아버지 마음을 이해하지 못해서 죄송합니다."

잔뜩 뒤집힌 목소리로 눈물을 삼키며 간신히 제 마음을 전했습니다. 눈물 때문에 잘 보이진 않았지만, 아버지도 울고 있는 듯했습니다. 그날 이후, 우리 가족의 관계는 극적으로 바뀌었습니다. 저는 아버지, 어머니를 포함한 가족 모두가 한 명의 인간으로서 완벽하지 않다는 사실을, 때로는 실패하고, 약해지고, 의견이 틀어지기도 하는 미숙한 인간이라는 사실을 깨달았습니다. 모든 것을 통틀어서 가족은 세상에 둘도 없는 유일무이한 존재라고, 그저 사랑스러운 존재라고 마음속 깊이 새기며 살아갈 수 있게 되었습니다.

아버지가 저에게 사과해 준 덕분에 저는 인생이 정말로 아름답다고 느끼게 되었습니다. 사과의 대단함을 알게 된 것입니다. 이 책은 아버지가 제게 건넨 '미안해'라는 한마디에서 탄생했습니다.

# 사과한 뒤에
# 펼쳐지는 세계

## 감사보다 중요한 것

"미안해." 이 말을 주제로 책을 쓰며 우리가 얼마나 답답해하고, 괴로워하고, 불안해하고, 불만이 많은지 새삼 깨닫습니다. 많은 것을 두려워하는 탓에 나답게 살기 쉽지 않습니다. 이렇게 된 가장 큰 원인은 '사과하면 지는 것'이라는 생각입니다. 본래 인생은 생각보다 훨씬 멋지고, 사람은 따뜻하고 상냥한데 말이죠.

인생에 이기고 지는 일 따위는 없습니다. 누가 맞고 누가 틀렸는지도 중요하지 않습니다. 설령 자신이 잘못했어도 비하할 필요는 없습니다. 배워서 성장하면 된다는 것을 깨달으면 될 뿐입니다. 상대방이 잘못했어도 탓할 필요는 없습니다. 비난하지 않아도 됩니다. 그저 친절하게 알려 주면 됩니다. 일을 잘 못 하는 사람을 무시하지 않아도 됩니다. 의욕이 없는 사람을 한심하게 보지 않아도 됩니다. 마찬가지로 무언가 잘 못하는 자신, 의욕이 없는 자신을 다그치지 않아도 됩니다. 그 누구도 잘못하지 않았습니다. 그 누구도 쓸모없지 않습니다.

모든 것이 '미안해'라는 말에서 시작됩니다. 그리고 진정한 감사, '고마워'라는 말도 사실은 '미안해'라는 말 없이는 시작되지 않습니다.

## 사과가 알려 준 진짜 행복

지금부터 당신 앞에는 감동으로 가득 찬 인생이 펼쳐질

것입니다. 감동으로 가득 찼다고 해서 누군가가 깜짝 놀랄 선물을 준다는 의미는 아닙니다. 사랑하는 사람과 영원을 약속하는 것도 아닙니다. 열기구를 타고 자유롭게 여행하는 것도, 자유로운 시간과 경제력을 손에 넣는 것도 아닙니다. 평범한 일상 속 소소한 일들에 감동할 수 있는 날이 오는 것입니다.

매일 아침 해를 볼 수 있다는 감동.
사랑하는 가족, 소중한 사람과 함께한다는 감동.
맛있는 밥을 먹을 수 있다는 감동.
따뜻한 이불 속에서 잠들 수 있다는 감동.
누군가에게 사과할 수 있다는 감동.

이런 일상에 감동할 수 있다면 당신의 인생은 이미 평생 행복 확정입니다.

# 당신이 가장
# 소중히 여겨야 할 사람

## 누구나 놓치기 쉬운, 가장 먼저 사과해야 할 사람

마지막으로 당신이 아직 사과하지 못한 사람의 이야기를
해 보려고 합니다. 어쩌면 당신은 그 사람을 내내 용서하
지 못했을 수도 있겠네요. 하지만 그 사람은 당신이 가장
먼저 사과하고, 용서해야 할 사람입니다. 누구인지 벌써
예상되지 않나요? 맞습니다. 바로 자기 자신입니다.

자기 자신을 누구보다도 냉정하게 평가했던 것.

자기 자신을 누구보다도 몰아붙였던 것.

자기 자신을 방치했던 것.

자기 자신과 마주하기를 두려워했던 것.

자기 자신과 변명으로 타협했던 것.


당신을 공격하고 당신의 인생과 당신이 살고 있는 세계를 궁핍하게 만든 것은 바로 죄책감입니다. 계속 자신을 다그치며 살아왔다면 오늘부터 그만둡시다. 사실 당신은 다른 누구도 아닌 자기 자신이 가장 든든한 아군이길 바랄 것입니다. 그리고 그래야만 합니다. 이것은 응석이 아닙니다. 진심을 다해 자기 자신에게 '미안해'라고 말하고, 자신을 용서하여 내가 나의 아군이 되었을 때 비로소 타인의 아군도 될 수 있습니다.

# 나 자신에게 '미안해'라고 말할 때 인생이 달라진다

자기 자신에게 대체 어떻게 사과해야 할지 감이 전혀 오지 않는다면, 혼자 있을 때 거울을 보고 이렇게 말해 보세요.

"항상 너를 냉정하게 평가하고, '이것밖에 안 돼? 더 열심히 해야지! 왜 더 열심히 하지 못하는 거야'라고 생각해서 정말 미안해."

"○○는 나보다 얼굴이 작고 △△는 나보다 눈도 크고 귀엽다고 늘 다른 사람이랑 비교하면서 내 멋대로 평가하고 주눅 들어서 정말로 미안해."

처음에는 창피할 수도, 바보 같아 보일 수도 있습니다. 하지만 용기를 내어 자신에게 이렇게 사과해 보세요. 자신에게 '미안해'라고 말할 수 있다면 자신의 마음과 몸을 구별할 수 있게 됩니다. 자신의 마음이 몸에게 사과하는 느낌이 들 것입니다. 부끄러움이 서서히 옅어질수록 당신은 자기 자신을 소중히 하게 되고, 자신을 위로할 수 있게 됩니다.

꼭 한번, 당신 자신에게 '미안해'라고 말해 주세요. 소중한 누군가에게 사과할 때처럼 진심을 담아서요. 시간이 필요할 수도 있습니다. 하지만 당신은 자신을 반드시 용서할 것입니다. 그리고 분명 아주 기뻐할 것입니다. 중요한 것은 나 자신을 살피는 것입니다. 내가 나의 절대적인 아군이 되는 것입니다. 그러면 자기 자신과의 관계가 더욱 견고해지고, 나아가 자존감과 안정감도 높아질 것입니다. 그때 비로소 당신과 당신 주변 사람들 모두 분명 지금까지 없던 크나큰 평온함과 안정감을 느낄 수 있을 것입니다.

마지막으로 한 번 더 전합니다.

당신의 진정한 행복,
소중한 사람들의 미소,
당신의 진짜 이야기.
모두 '미안해'라는 한마디에서 시작됩니다.

저에게는 한 살 터울의 형이 있습니다. 형은 몸집이 크고 힘이 센데, 저는 둘째인 데다 몸집이 작고 약해서 어렸을 때부터 어쩔 수 없이 사과해야 하는 일이 잦았습니다. 집 밖에서도 겉보기에 어려 보이고 싸움도 못 하는 데다 겁도 많아서 옛날부터 사과할 일이 많은 인생이었습니다. 그런 제가 너무나도 싫어서 견딜 수가 없었습니다. '언젠가 아무에게도 사과하지 않아도 될 정도로 뭐든 다 잘하고, 멋있고, 힘세고, 똑똑한 사람이 되겠어'라고 항상 생각하며 살아왔습니다. 그러나 마흔네 살이 된 지금도 여전히 사과하는 인생을 살고 있습니다. 뭐든 잘하고, 멋있고, 힘세고, 똑똑한 사람은 되지 못했지만 옛날과 다른 점이 하나 있습니다. 그것은 '이런 인생이라 다행이다'라고 진심으로 생각한다는 점입니다.

어쩌면 당신은 처음엔 사과에 관한 책을 읽는 것 자체를 꼴불견이라고 생각했을지도 모릅니다. 하지만 이제 지금이라도 사과란 참 대단하구나, 멋있구나, 마음 따뜻한 일이구나 하고 생각해 준다면 기쁠 것 같습니다.

사람은 '미안해'라고 말한 만큼 강해집니다. 그만큼 따뜻한 사람이 됩니다. 그리고 타인을 배려해 사과할 줄 아는 사람은 하늘과 주변 사람들이 결코 그냥 두지 않습니다. 따뜻한 사과가 널리 퍼져 서로를 배려하고, 용서하고, 성장시키는 사회가 되기를 간절히 바라고 또 바랍니다.

이 책을 쓰면서 스바루샤의 우에즈 야스나리 편집장, 영업부 부부장 하라구치 다이스케 씨, 고데라 유키 편집장, 편집의 오하라 가즈야 씨께 헌신적인 지원과 셀 수 없는 도움을 받았습니다. 진심으로 감사드립니다.

일본 비즈니스서 신인상 때부터 늘 신세 지고 있는 츠타야와 비즈플레이 관계자 여러분에게도 몇 번을 말해도 모자를 만큼 감사한 마음뿐입니다. 또 이구치 히카리 선생님, 에토 노부유키 선생님께 배운 철학과 심리학이 이 책의 토대가 되었습니다. 항상 감사드립니다.

부족한 저와 함께 길을 걸어 주는 비주쿠의 강사 선생님들, 그리고 9,700명이 넘는 수강생 여러분, 여러 커뮤니티의 동료들에게도 감사 인사를 전합니다. 특히 직원인 엔다 요시코 씨와 가노 미카 씨, 이 두 분께는 정말 이 자리를 빌려 감사하고 또 감사하다고 전하고 싶습니다. 엔, 미카, 지금의 제가 이 자리에 있는 것은 두 분이 열심히 해 준 덕분입니다. 두 분이야말로 비주쿠와 이 책이 탄생하기까지 가장 힘이 되어 준 인연입니다. 함께 울고 웃을 수 있음에 감사합니다. 앞으로도 잘 부탁드립니다.

그리고 이 책의 계기가 되어 주고 조언과 격려를 아끼지 않아 준, 이 책의 프로듀서이자 저의 영원한 형님. 2019년 이후 최고의 베스트셀러 《말버릇을 바꾸니 운이 트이기 시작했다》의 저자, 나가마쓰 시게히사 형님이 없었다면 분명 이 책은 이 세상에 나오지 못했을 것입니다. 그리고 지금의 저도 없었겠죠. 다시 한번 감사하다는 말을 전하고 싶습니다. 앞으로도 열심히 형님의 뒤를 좇겠습니다.

보이지 않는 곳에서 시게 형님을 한결같이 지원하는 매니저 이케다 미치 씨에게도 전하고 싶은 말이 있습니다. 미치 씨, 밤늦게까지 함께 원고를 봐 줘서 고마웠습니다. 미치 씨의 섬세하고 정성스러운 확인 덕분에 이 책이 태어났습니다. 정말 고맙습니다. 그리고 앞으로도 잘 부탁합니다.

인생에서 가장 많이 사과하고 또 사과받았던, 세상에서 가장 귀한 보물인 아내 마이코와 아들 조지, 그리고 저를 낳고 길러 준 가족들에게 저의 가장 깊은 미안함과 고마움을 전합니다. 저를 아껴 주시고 사랑해 주셔서 감사합니다. 조지, 어른이 된다는 것은 즐거운 일이란다. 어서 커서 함께 술 한잔하자꾸나. 그리고 마이코, 당신과 결혼해서 정말 다행이야. 나와 만나 줘서 고마워.

마지막으로 이 책을 통해 이렇게 만나게 된 여러분에게도 마음을 담아 감사를 보냅니다.

프로듀서인 나가마쓰 시게히사 씨가 'DEAR BOOKS 프로젝트'를 제안해 주었습니다. 책 맨 앞장의 'Dear' 부분에 받는 사람의 이름을, 그리고 'From' 부분에 당신의 이름 적어 소중한 사람에게 선물하는 기획입니다. 사과하고 싶은 사람에게 사과할 기회를 좀처럼 잡지 못하고 있다면, 혹은 당신 주변에 사과하지 못해 곤란해하는 사람이 있다면, 꼭 이름을 써서 이 책을 선물해 보세요. 저자로서 그보다 더 기쁜 일은 없을 것입니다.

이 책을 다 읽은 지금, 당신이 느끼는 감정은 틀림없이 이 세상의 귀한 보물이 될 것이라고 확신합니다. 언젠가 실제로 만났을 때 당신의 이야기를 들려주세요. 그날을 고대하고 있겠습니다.

감사합니다.

우치다 히로시

**찜찜했던 사이가 풀리는 관계회복 시그널**

# 사실은 미안해라고 말하고 싶었어

**초판 1쇄 인쇄** 2024년 12월 13일
**초판 1쇄 발행** 2024년 12월 20일

**지은이** 우치다 히로시
**옮긴이** 김수정

**대표** 장선희  **총괄** 이영철
**책임편집** 한이슬  **외주교정** 김현희
**기획편집** 현미나, 정시아, 오향림
**책임디자인** 양혜민  **디자인** 최아영
**마케팅** 최의범, 김경률, 유효주, 박예은, 한태희
**경영관리** 전선애

**펴낸곳** 서사원  **출판등록** 제2023-000199호
**주소** 서울시 마포구 성암로 330 DMC첨단산업센터 713호
**전화** 02-898-8778  **팩스** 02-6008-1673
**이메일** cr@seosawon.com
**네이버 포스트** post.naver.com/seosawon
**페이스북** www.facebook.com/seosawon
**인스타그램** www.instagram.com/seosawon

ⓒ 우치다 히로시, 2024

ISBN 979-11-6822-351-6  02190

서사원은 독자 여러분의 책에 관한 아이디어와 원고 투고를 설레는 마음으로 기다리고 있습니다.
책으로 엮기를 원하는 아이디어가 있는 분은 이메일 cr@seosawon.com으로 간단한 개요와 취지,
연락처 등을 보내주세요. 고민을 멈추고 실행해보세요. 꿈이 이루어집니다.